◆ 编委会

主 任

丁中平　唐步新

副主任

呙生泽　邓 琳　蔡祥东　徐松强
谭书凯　许建华　陈 蓉　周利民
胡 立　罗世友　高 岭

委 员

谭 华　易 兵　向泽君　郑运松
周英斌　王 可　王功斗　杨虎亮
熊 铸　王文秀　向 洋

编辑部

责任编辑 蒋忠智 周英斌 张 春 杨秀英

责任校对 何建云

策 划 重庆出版社艺术设计有限公司

装帧设计 重庆出版社艺术设计有限公司

制 版 重庆出版社艺术设计有限公司

前言

习近平总书记在党的二十大报告中指出，要发展社会主义先进文化，弘扬革命文化，传承中华优秀传统文化，不断提升国家文化软实力和中华文化影响力。

地名，是一种特殊的文化符号，是不同历史时期人们社会活动的历史见证和文化积淀，是一个地方的历史年轮，是人类文明的活化石。重庆是国家历史文化名城，有3000多年发展历史，历史文化体系集巴渝文化、三线文化、抗战文化、革命文化、统战文化、移民文化于一体，地名文化亦是重要组成部分，人文底蕴厚重。重庆地名，承载着重庆人民的乡愁记忆和美好情感，有自己独特、鲜明的民族和区域文化特色。深入挖掘重庆优秀地名文化内涵和历史底蕴，全方位保护地名文化遗产，赓续传承地名文化，是贯彻落实党的二十大精神的重要举措，是扎实推进第二次全国地名普查成果转化的具体行动。重庆市民政局汇集市内外地名研究专家智慧，编纂完成《重庆市地名文化故事》。

图书分为《区县地名》《村镇地名》《红色地名》《历史文化地名》和《山水名胜地名》五个分册，从五个不同的维度，用民间广泛流传的生动故事，集中呈现重庆地名文化的丰富内涵和历史韵味。《区县地名》分册，介绍和讲述38个区县（自治县）、两江新区、西部科学城重庆高新区和万盛经开区名称内涵、历史沿革，深刻阐释其中蕴含的人文精神和丰富内涵。《村镇地名》分册，遴选了69个具有代表性的名村名镇，集中呈现重庆域内历史文化名镇与传统村落生成发展的整体面貌。《红色地名》分册，收录了72条红色地名，从人物、事件史实角度全方位展现重庆红色之城、英雄之城的精神底色。《历史文化地名》分册，列出123条历史文化地名，全面记录重庆古遗址、古建筑、优秀现代建筑以及具有特殊历史文化价值的水文、交通运输类地名，完整呈现不同历史时期重庆的历史风貌。《山水名胜地名》分册，收录109条山水名胜地名，从山地、山峰、峡谷、洞穴、河流、温泉、湖泊等领域呈现巴山渝水所承载的历史演变、风土人情与地方文化认同。

　　巴山渝水，孕育重庆一方风土人情。编纂《重庆市地名文化故事》，以地名镌刻历史，以乡愁凝聚文化，将众多的历史遗迹、文化古迹及人文底蕴铭刻和播撒在重庆大地上，正是用好地名资源，保护传承优秀传统文化，为建设"山水之城·美丽之地"提供最持久、最深沉的文化力量！

序

解读地名
增强文化自信

◆ 人民解放纪念碑

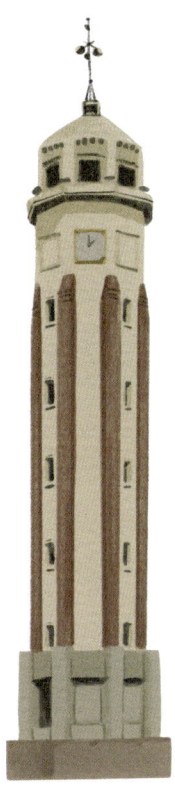

解读地名，发掘地名背后的故事、传播文化，是一个城市文化建设的自觉行为。假如每个地名背后的故事为人知晓，假如蕴藏在地名中的人物事件能够广为人知，生活在当下的人们也许能够从城市的记忆中获得足够的自信。在一个特定空间中的人文地理实体专有的地名，包含着文化的信息，是历史表现的物证，它承载文化传统，它凝固思想价值，它记录一段历史。重庆这个历史文化名城的地名相当丰富，其中近代的地名更是与一些社会重大事件关联。比如邹容路就是对辛亥革命的先驱、革命军中马前卒邹容的纪念；再如解放碑，这是对重庆这个城市脱胎换骨的见证。《重庆地名文化故事·红色地名》这本书是对重庆红色文化资源的一种挖掘整理，整理出了一些鲜为人知的故事情节，使一个个地名鲜活了起来。

这本书通过分区域介绍每个红色地名的形成以及所蕴含的内容，不但具有可读性而且也是一本社会学的可读之书，尤其是在这座有着三千多万人口基数的大城市，新生代的比例相当大，从书中获知自己所在城市的一些历史，从书中增加自己的知识厚度，无疑对人的文化涵养和素质的提升以及对城市建设发展都是功在千秋的实事。祝愿这本书能够得到广大读者的喜爱，更希望生活在重庆这个城市的人们通过阅读更多地了解重庆的优秀文化传统和人文精神积淀。

目录

渝北区
- 唐虚谷、杨袁善烈士陵园 —— 131

巴南区
- 南泉革命烈士陵园 —— 135
- 解放重庆历史陈列馆 —— 138

长寿区
- 杨克明故居 —— 143

江津区
- 聂荣臻元帅陈列馆 —— 148

合川区
- 陶行知先生纪念馆 —— 155

永川区
- 五间镇新建烈士陵园 —— 159

南川区
- 中共合溪特支旧址 —— 162

渝中区
- 曾家岩50号（周公馆）—— 31
- 红岩村 —— 35
- 虎头岩 —— 43
- 《新华日报》重庆营业部旧址 —— 47
- 桂园 —— 50
- 解放碑 —— 55
- 宋庆龄旧居暨保卫中国同盟总部旧址 —— 58
- 特园中国民主党派历史陈列馆 —— 63
- 重庆市劳动人民文化宫 —— 67
- 重庆市人民大礼堂 —— 70

大渡口区
- 兵工署第二十一兵工厂火工所旧址 —— 75
- 重钢护厂烈士陵园 —— 78

江北区
- "三三一"惨案死难志士群葬墓地 —— 83

- 前言 —— 1

- 序 —— 1

- 解读地名 增强文化自信 —— 1

● 万州区
- 万州革命烈士陵园 —— 1

● 黔江区
- 万涛故居 —— 6

● 涪陵区
- 红军渡 —— 10

● 涪陵区
- 816工程遗址 —— 15

● 渝中区
- 中法学校校址 —— 20
- 中共重庆地方执行委员会旧址 —— 23
- 国际村 —— 27

● 沙坪坝区
- 林园 —— 87
- 白公馆看守所 —— 92
- 渣滓洞看守所 —— 96
- 电台岚垭 —— 101
- 歌乐山烈士陵园 —— 105

● 九龙坡区
- 中共四川省临委会扩大会议会址 —— 112
- 刘伯承六店子旧居 —— 110

● 南岸区
- 《挺进报》旧址 —— 117

● 北碚区
- 王朴烈士陵园 —— 121
- 中共中央西南局缙云山办公地旧址 —— 126

- 荣昌区
  - 柳乃夫故居 —— 206
- 开州区
  - 刘伯承同志纪念馆 —— 211
  - 杨柳关 —— 216
- 梁平区
  - 中国工农红军四川第一路战斗遗址 —— 221
- 武隆区
  - 四川第二路红军游击队司令部政治部旧址 —— 224
  - 火炉胜利口战斗遗址 —— 229
- 城口县
  - 城万红军指挥所旧址 —— 233
  - 红三十三军指挥部旧址 —— 235
  - 空壳洞战斗遗址 —— 239
  - 城口县庙坝区苏维埃政府遗址 —— 241

- 巫溪县
  - 奉大巫起义纪念园 —— 275
- 石柱土家族自治县
  - 中共三根树党支部遗址 —— 279
  - 红军井 —— 285
- 秀山土家族自治县
  - 倒马坎战斗遗址 —— 287
  - 刘邓首长进军大西南铜像 —— 290
- 西阳土家族苗族自治县
  - 赵世炎故居 —— 293
  - 南腰界 —— 297
- 彭水苗族土家族自治县
  - 南渡沱红军渡口遗址 —— 301

后记 —— 304

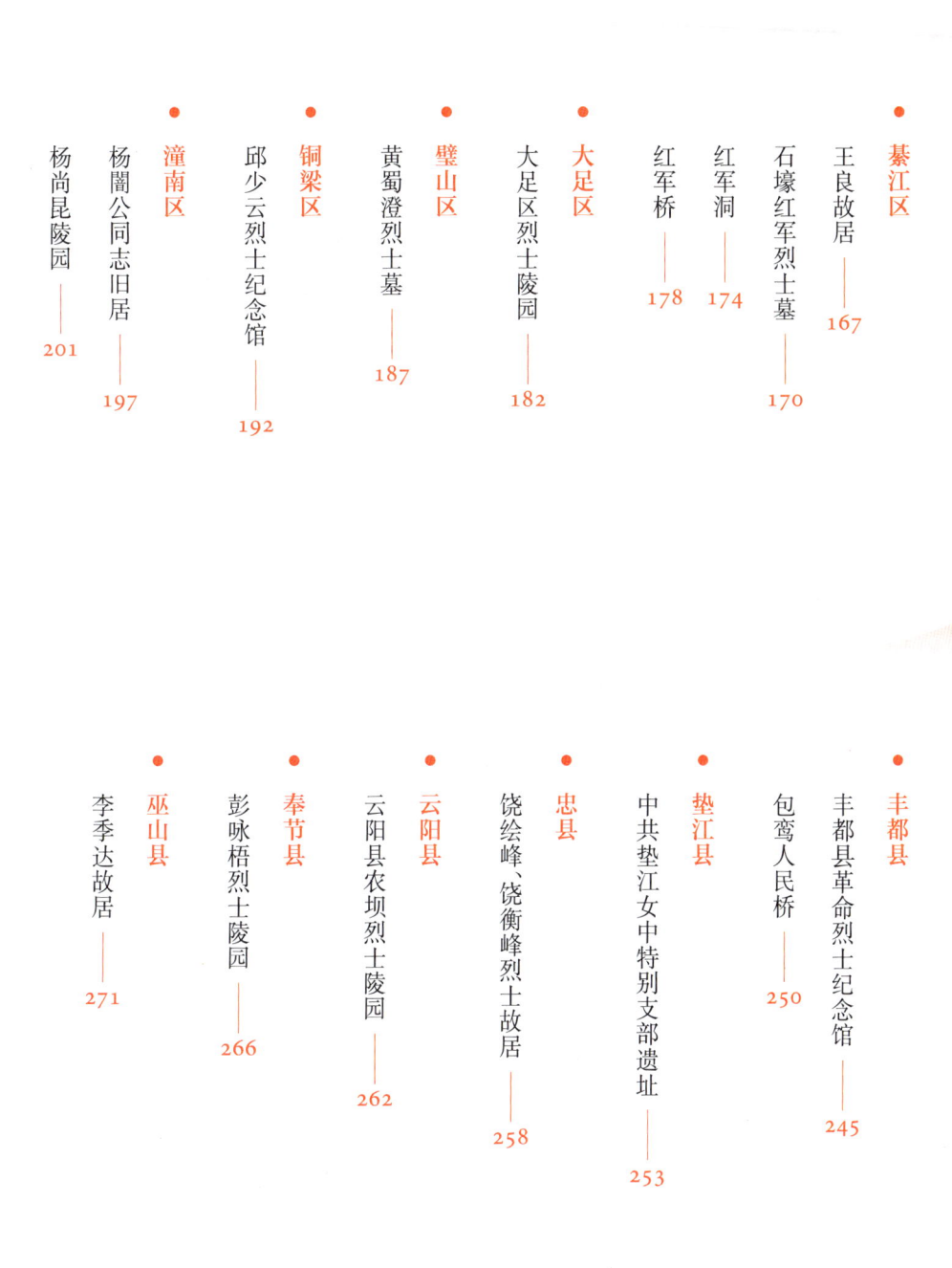

- **綦江区**
  - 王良故居 —— 167
  - 石壕红军烈士墓 —— 170
  - 红军洞 —— 174
  - 红军桥 —— 178
- **大足区**
  - 大足区烈士陵园 —— 182
- **璧山区**
  - 黄蜀澄烈士墓 —— 187
- **铜梁区**
  - 邱少云烈士纪念馆 —— 192
- **潼南区**
  - 杨闇公同志旧居 —— 197
  - 杨尚昆陵园 —— 201

- **丰都县**
  - 丰都县革命烈士纪念馆 —— 245
  - 包鸾人民桥 —— 250
- **垫江县**
  - 中共垫江女中特别支部遗址 —— 253
- **忠县**
  - 饶绘峰、饶衡峰烈士故居 —— 258
- **云阳县**
  - 云阳县农坝烈士陵园 —— 262
- **奉节县**
  - 彭咏梧烈士陵园 —— 266
- **巫山县**
  - 李季达故居 —— 271

万州区

◆ 万州革命烈士陵园

1998年，三峡工程的兴建正在火热开展。为褒扬先烈、教育后人，原万县市人民政府将三峡库区水位淹没线下的多座烈士墓和烈士纪念标志，统一迁建为万州革命烈士陵园。

万州革命烈士陵园是一座大型革命纪念园林，由张爱萍将军题词，作家马识途为烈士事迹陈列馆题写馆名。园中建设有纪念碑、大型英烈群雕、柱雕、英名墙、瞻仰广场、烈士事迹陈列馆等建筑。

在万州革命烈士陵园，最让人肃然起敬的是位于瞻仰广场一侧的二十一烈士墓。二十一烈士墓背后的故事，源于土地革命战争时期下川东第一次武装暴动——万县兵变。1928年，中共万县第一届县委组织领导了万县兵变。由于叛徒出卖，兵变失败，中共万县县委书记曾润百等二十一人被军阀杨森杀害，后集体迁葬于此。

万县兵变的领导人之一雷震寰（1906—1928），当时是杨森手下的手枪连连长。

◆ **万州革命烈士陵园：烈士事迹陈列馆**
万州革命烈士陵园管理中心　供图

雷震寰的父亲雷润生是同盟会会员，早年追随孙中山先生参加过多次武装起义，在年幼的雷震寰心中种下了民主革命的种子。雷震寰中学毕业后考入了杨森兴办的讲武堂学习军事，与杨森结下了较为深厚的师生情谊。但随着杨森日益膨胀的军阀野心渐渐显露，雷震寰慢慢与之渐行渐远。

1925年，从讲武堂毕业的雷震寰谢绝杨森的挽留，借故回到家乡涪陵。当时的涪陵农民革命运动正进行得如火如荼，雷震寰又一次接受了民主革命思想的启迪。

1926年，雷震寰考入吴玉章创办的中法大学四川分校政治班学习，在吴玉章、陈荣生等革命者的教诲下，树立起了共产主义信念，并多次参加革命活动。1927年，雷震寰在中法大学四川分校加入中国共产党，成为重庆地区早期的共产党员之一。

1927年3月，因对英、美帝国主义军舰炮击南京群众不满，重庆各界爱国人士发起抗议游行。军阀刘湘出兵镇压，制造了震惊中外的"三三一"惨案。雷震寰奋不顾身救援了许多参加抗议的群众，随后为躲避追捕，他秘密返回家乡涪陵，并参与了涪陵的农民革命运动，协助农民运动领袖李蔚如训练农民自卫军，成为涪陵农民自卫军的军事指挥员。

1927年秋李蔚如被郭汝栋诱捕，在押送途中惨遭杀害。涪陵农民自卫军被迫解散，雷震寰无奈转移到万县。当时杨森正在万县招兵买马，四处笼络人才，正需要雷震寰的投奔效力；而雷震寰也需要借用与杨森的师生之情，藏迹于杨森的二十军中躲避追捕。

杨森非常器重雷震寰，委任他为二十军的执法大队少校、手枪连连长。雷震寰便利用这个身份，开始在杨森军中秘密开展革命活动，很快便团结了一批有民主思想的爱国官兵。同时，他还通过这个身份，结识了在《万县日报》社担任编辑的共产党员周伯仕。

与雷震寰的军旅出身不同，周伯仕（1898—1928）是文人出身。周伯仕自幼聪明好学，在书本中看到了进步思想的辉光，革命思想的种子逐渐萌芽。中学毕业后，他一直从事教员的工作，坚持向学生们传播反帝反封建的革命思想。

但周伯仕的教育梦想却被当地恶霸豪绅蛮横地破坏，他不再被允许执教。1922年，周伯仕考进了成都省立法政专门学校学习政治经济学。毕业后积极参与革命运动，于1923年加入了共青团。1927年周伯仕在武汉参加革命运动时，加入中国共产党。"四一二"反革命政变发生后,受党组织派遣返回四川,利用关系打入《万县日报》社任编辑,以此为掩护,从事革命活动。

当时的《万县日报》,实际上是军阀杨森军部的机关报,明面上周伯仕负责为报纸编辑文章、写社评,暗地里他主要为上级党组织提供不能公开发表的秘密情报,并尽量减少编发对革命不利的新闻。

1927年大革命宣告失败。中共中央于8月7日在汉口召开紧急会议,批判和纠正了陈独秀右倾机会主义错误,确定了实行土地革命和武装起义的总方针。四川临时省委为响应总方针,提出以"农民暴动为中心,土地革命为目的"的行动计划。

这时的雷震寰与周伯仕得到上级指示,四川临时省委将派人来到万县重建党组织,准备伺机发动武装斗争,进而建立苏维埃政权。

1928年初春,一艘从重庆开来的船驶进了码头,乘客中有一位着布衣布裤的年轻人,拎着简单的行李下了船,向码头上的人打听《万县日报》社地址。这个年轻人,就是后来的中共万县第一届县委书记曾润百(1902—1928),也正是雷震寰与周伯仕苦苦等待的党组织接头人。

在来到《万县日报》社见到了周伯仕后,曾润百又与雷震寰取得了联系。随后,三人建立了第一届中共万县县委,曾润百任书记,周伯仕、雷震寰任委员。成立县委后,武装斗争的计划被正式提上了议事日程。

在得到省委指示后,曾润百、周伯仕、雷震寰策划了万县兵变事件。发动兵变的时间定在6月22日端午节那天,雷震寰担任兵变的军事指挥，兵变的主要成员为雷震寰发展的爱国进步官兵。他们还策反了大多来自平民家庭的手枪连下层士官与普通士兵。

与此同时，曾润百又与同样隐蔽在杨森军部的共产党员秦正树接上了组织联系。秦正树不是别人，正是周伯仕的直接领导，《万县日报》社的社长，他与周伯仕一样，都在同一个战线为党组织收集情报。秦正树告诉曾润百，原万县党组织负责人任志云等人也秘密地组织了一支武装力量。

就在一切准备就绪时，一个意外发生了。下层士官中有一人贪慕虚荣叛变了，将兵变计划汇报给了杨森。6月13日，兵变的骨干成员秘密开会时，杨森布置执法队将开会地点围了个水泄不通，除秦正树侥幸逃脱外，共有二十一人被抓捕入狱。

杨森对抓捕的二十一人用尽了酷刑，将他们折磨得血肉模糊。尽管如此，二十一位革命者没有一位屈服投降。杨森试图用师生之情动摇雷震寰，也对曾润百许以官职诱惑，可这些根本不能动摇他们坚定的革命意志。

杨森对视死如归的革命者无可奈何，就下令处决曾润百等人，并在曾润百的案卷上批写："其才可贵，其人可恶，该杀。"最后二十一位革命者被无情地枪杀于万县鸡公岭。

烈士们殉难之后，未遭逮捕的地下党员不便直接出面掩埋忠骨，便暗地动员万县慈善组织"浮尸会"出面与军阀交涉，将烈士们的遗体全部收殓，安葬于太白岩下，即如今位于万州革命烈士陵园内的二十一烈士墓。这就是万州革命烈士陵园背后鲜为人知的故事。

黔江区

◆ 万涛故居

20世纪30年代,在国民党政府的反动统治下,黔江广大人民生活在水深火热之中,许多有识之士为改变这一局面,先后加入共产党领导的革命队伍,为工农红军的壮大和革命根据地的建立作出了卓越贡献,万涛同志就是其中的杰出代表人物。

在今天的黔江区冯家街道,距离黔江城区18千米的地方,万涛同志的故居仍保存良好。万涛故居是一座坐北向南的四合院建筑,通体为明清时期木结构建筑,屋顶为单檐悬山式,梁架为穿斗式。整个故居的建筑面积711平方米,总占地面积1234平方米,始建于清同治十一年(1872),距今已有一百三十多年历史。

万涛在这里度过了他的童年和少年时代。万涛(1904—1932)又名万铁民、万诗楷,曾化名王德。土家族,重庆黔江人。在黔江当地,万涛的家境颇为富裕,他童年时入私塾读书,14岁进入县城高等小学堂。1923年7月,他为了寻求真理,告别父母和新婚三月的妻子赴渝求学。在重庆期间,他受到革命思想的熏陶,积

◆ **万涛故居**
黔江区冯家街道办事处 供图

极参加进步学生运动。1924—1927年上半年，万涛曾辗转在重庆、上海、武汉等地从事革命活动。其间，加入中国社会主义青年团、中国共产党。

1927年湘鄂西农民暴动失利，为贯彻党中央"八七"会议决议，恢复和发展农民革命运动，万涛以中央巡视员身份来到鄂西开展革命工作。

1928年1月，中共鄂西特委在湖北沙市成立，万涛担任特委委员。同年5月，设在沙市的中共鄂西特委机关被破坏，特委书记张计储等八人被害。敌人残酷"清乡"，各县党群组织损失惨重。万涛转移至华容县指导反抗敌人"清乡"的斗争，不幸被捕。在狱中面对敌人的严刑拷打他英勇不屈，后经组织营救出狱。

出狱后的万涛与周逸群、段德昌等一起在宜昌筹建湘鄂西临时特委。不久，经中共湖北省委批准，湘鄂西特委正式成立，周逸群任书记，万涛任副书记。万涛和周逸群认真总结了之前的失败教训，制定了克服盲动主义，恢复、整顿党和群众组织，坚持游击战争等一系列正确措施，完成了洪湖地区苏维埃政权的建立。

为了保护党组织和革命力量，坚持长期斗争，鄂西特委决定党组织要保持秘密状态。万涛要求党员以"灰面孔"出现，用各种社会职业作掩护，深入群众，并设法打入敌人内部，开展地下斗争。1929年6月，万涛化名王德以中央巡视员的身份，深入鄂西宜都、宜昌、巴东、恩施等二十个县，帮助各地恢复、清理党组织，组建游击武装，并与周逸群、段德昌、周小康等九人组成了新的鄂西特委。

1930年初，万涛奉命到红四军驻地鹤峰传达中央和鄂西特委关于红四军东下与红六军会师的指示，并出任红四军第二路党代表。他和红四军军长贺龙等领导干部，认真研究和制订了红四军东下后开展湘鄂边苏区斗争的计划。同年7月，红四军与红六军在湖北公安胜利会师，组成红二军团，由贺龙出任总指挥，周逸群任政治委员。这标志着湘鄂边、湘鄂西两块苏区连成一片，湘鄂西革命根据地初步形成，也标志着湘鄂西地区的革命斗争取得了巨大胜利。

1931年夏天，洪湖发生特大水灾，湘鄂西苏区一片汪洋。正当苏区军民奋力抗洪救灾的时刻，蒋介石趁机对湘鄂西苏区发动第三次"围剿"。为了击退敌人的进攻，征服自然灾害，湘鄂西革命军事委员会令第九师二十五团保卫苏区，二十六团向潜江天门一带出击，打击苏区北面之敌徐德佐旅，击破敌人的"围剿"，万涛奉命随军出发，负责军事指挥。

第九师经过多次顽强战斗，用不到一个月时间完成了战斗任务，打破了敌人从北面对苏区的第三次"围剿"。但这时地处长江南岸的华容、石首、南县等苏区遭遇"围剿"，第九师仅有一支三百多人的红军游击队抗击敌人的"围剿"，势单力薄。由于江水泛滥，第九师主力部队难以渡江支援，造成局部失利的局面。这次局部失利被党内"左"倾冒险分子利用，万涛被撤销政治委员之职，调后方工作。

万涛回到地方工作，担任中共湘鄂西临时省委宣传部部长。在此期间，他不顾自己艰难的处境，负责出版《洪湖日报》，在报上撰文批判"左"倾冒险错误，毫不妥协地与王明、夏曦等"左"倾机会主义分子进行斗争。

1932年秋天，正当蒋介石调集十万大军对湘鄂西发动第四次"围剿"之时，夏曦却在苏区发动"肃反"运动，万涛被扣上"托派""反革命高等坐探""改组派首领"等帽子——被杀害于洪湖瞿家湾青龙庙，年仅28岁。

洪湖含悲唱挽歌，荆江碧水祭英灵。1945年4月，中国共产党第七次代表大会追认万涛为烈士。1957年12月，在万涛被冤杀25年后，国务院拟定的《湘鄂西革命烈士纪念碑碑文》中，列进了万涛的英名。1984年9月，国家民政部门向万涛遗孀冉启秀颁发了万涛同志的《革命烈士证明书》，同时将万涛故居列为县级革命文物保护单位。1984年11月10日，湘鄂西苏区革命烈士纪念馆落成，万涛作为湘鄂西革命根据地和革命武装的创建者，与贺龙、周逸群等齐名，他的革命事迹在馆内陈列，永远受到人民的敬仰和传颂。

近年来，黔江区曾多次对万涛故居进行维修，恢复了木屋古朴清香、院中丹桂飘香、房前屋后翠竹环绕的风貌。2005年10月，万涛烈士故居陈列室开馆，陈列了万涛的生平简介、照片，红三军经过黔江留下的文物、图片和文字资料，万涛居室、书房、学习用品以及万涛家人的生产生活用具等，庭院内还竖有万涛的大理石雕像。

如今，万涛故居已成为革命烈士故居纪念建筑之一，是黔江区的一处红色文化遗址景观。目前，万涛故居已成为"黔江区第一批重点文物保护单位""重庆市第一个党史教育基地""重庆市爱国主义教育基地""黔江区廉政教育基地"。

◆ 红军渡

在离黔江濯水古镇不远的阿蓬江边，有一块写着"红军渡"字样的石碑，在石碑的旁边，竖立着一座栩栩如生的群体雕像。雕像刻画的是一群船工，他们簇拥在一起，正奋力地划着船摆渡。其中一个十三四岁的少年船工，头顶戴着红军帽，手上拿着一本

◆ 红军渡
黔江区濯水镇人民政府　供图

书，书上写着六个字"打土豪，分田地"，少年脸上露出自豪而光荣的神情。

故事要从1932年说起。1932年蒋介石亲自下令，命他麾下左路军十万余人对我党洪湖根据地发起第四次"围剿"。中国工农红军第三军（以下简称红三军）进行艰辛的反"围剿"斗争。8月，红三军从洪湖苏区突围，根据地丧失殆尽，被迫转战湘鄂边。

军长贺龙、政委关向应率红三军三千多名将士从湖北咸丰活龙坪出发，22日，首战黔江取得三战三捷，仅用一天时间便攻占了黔江县城。由于川军黄子裳团、周化成保安团向黔江反扑，29日红三军主动撤离县城，转移到湖北咸丰、利川一带活动。1934

年上半年，红三军多次转战黔江境内。

1934年，贺龙、关向应率红三军三千多人从黔江马喇湖出发，急行军翻越北溪盖、五福岭，集结到濯河坝黄泥沱渡口，准备西渡阿蓬江，遵照十字路会议作出的决定"西进彭水"。

当时的黄泥沱渡口并不像今天的红军渡，江宽水急，两岸之间将近百米，急流卷着沙石在河中激起一个个漩涡，要想渡江没有船只是不行的。

红军想找当地船工帮忙，可偌大一条河，连一个船工的身影也见不着。

贺龙等人多方打听才知道，因为多年战乱，当地百姓对当兵的有了畏惧心理。从前军阀混战时，也有过雇用船工帮忙渡江的事，可那些军阀一旦过了江，不仅只字不提说好的酬劳，甚至还打骂船工；更有甚者，不分青红皂白将壮年船工强行抓了壮丁征入军中。慢慢地，当地百姓害怕了。每当有军队路过当地，百姓们都躲进大山。

贺龙等人不由得对当地百姓所受之苦感到同情。他们许诺，对于帮助红军渡江的船工都支付足够的酬劳，每个船工两块大洋、五升大米。要知道，那时一块大洋能买两斗半大米，这一天船工们就能挣足平常一个月的收入。

光是许诺酬劳还不够，要是船工不信任红军，说什么都没用。贺龙等人决定先拿当地的土豪劣绅开刀。这些土豪劣绅平日里欺压百姓，家中敛财无数，将他们都拿下，把压榨来的钱财还给百姓，这才能换取百姓们对红军的信任。

定下计划后，红军立即在当地同时开展革命宣传和打土豪行动。他们首先打击了濯河坝场上的保长龚聘卿，土豪龚明礼、李八老爷等，将这些土豪劣绅的浮财没收，打开他们的粮仓向百姓放粮。

贺龙想起自己当年在黔江水市乡水车坪买马时结识了两位当地朋友，一人名叫罗青山，一人名叫罗洪德。在跟二人取得联系后贺龙得知，这两人已是当地的船老板，于是贺龙托二人为红军作保，联系船工。

红军打土豪、开仓放粮的举动百姓们看在眼里，乐在心里；红军在当地的革命宣传也让百姓们感受到了这支部队与众不同的作风。再加上当地人作保，百姓们开始对红军建立起了信任，他们终于同意协助红军渡江。

1934年5月6日，以罗长吉为首的50多名船工，很快集结了17只木船。船底有水，骡马不肯落脚上船，当地的百姓自发地将家里的草垫送来铺在船底。就这样忙活了一整天，在百姓们的帮助下，红军几千人马在一天之内安全地渡过了阿蓬江。

渡江结束后，贺龙委托军部副官杨德轩为船工结算酬劳，酬劳由原本说好的每个船工两块大洋增加到三块大洋，另加五升大米。杨德轩问大家够不够，船工们大声地回答："够了！够了！给多了！"

就在红军准备西进之时，岸上却传来了百姓们的呼喊声。原来，是大家为红军带来了茶水、鸡蛋、米粑。还有一群戴着红军帽的青年，他们征得家人的同意，自愿加入工农红军，希望像红军在当地的宣传语一样，为国家贡献自己的绵薄之力。

那一天的黄泥沱渡口，出现了母亲送孩子、妻子送丈夫的感

◆ 红军渡

人场面，十多名当地青年在这里加入了红军队伍。自此以后，黄泥沱渡口有了一个新的名字——红军渡。

今天的红军渡再也不需要摆渡了，渝湘高速公路一桥飞架南北，濯水大桥和风雨廊桥横跨阿蓬江两岸，从前的天堑如今变通途。离红军渡百米远的濯水古镇已经被打造成了全国5A级景区，乘船游江已经成为追寻革命先烈足迹、接受革命传统洗礼的教育之旅，是濯水古镇旅游中一抹红色的浪漫。

涪陵区

◆ 816工程遗址

在涪陵境内，靠近乌江的岸边有一个名为"白涛"的小镇。半个多世纪以前，这个小镇凭空从中国地图上消失了。位于这里的金子山山体中，隐藏着当时中国最为隐蔽的战备工程——816地下核工程。这座继嘉峪关404核工程之后，中国以举国之力兴建的第二个核武器原料生产基地，因20世纪60年代复杂的国际形势而兴建，又因20世纪80年代国际形势的转变而停工。在它身上，汇聚着那段特殊时期关于国家命运与个人家庭的无数感人故事。

20世纪60年代中期，基于复杂的国际形势，毛泽东主席在"三五"计划中提出了"三线建设"的概念计划。随着"三线建设"的展开，数以百万计的沿海人口离乡背井奔赴祖国大后方，投入备战备荒的"三线建设"。

出于战备考虑，我国需要一个在嘉峪关404核工程之外更加隐蔽的核原料生产基地，为核军事发展提供原料保障。816地下核工程就在这样的情形下应运而生。

1965年，以404厂的基建骨干为基础的816厂选址勘探组组建完毕。勘探组成员先后去了四川凉山、洪雅和万县等地考察，这些地方都因地形不够隐蔽而未能入选，最后他们将目光锁定在了涪陵的白涛镇。

这里依山傍水，如果将厂址设在大山的山腹里，从地面上根本无法侦察到；这里的山体地质结实，符合开凿巨型洞体的自然条件；同时这里紧靠乌江，方便核工程的排污。

选址这里的难点是，如何在质地坚硬的山体中开凿出规模如此巨大的洞穴来修建工事，以及在人口密集的四川省境内，如何符合安全规范（10千米安全距离）地安置居民区。几经论证，专家们给出了答案：在距离工程3千米以内绝不允许有人居住，在距离工程5千米以外的山上设置居民区；而开凿洞体的工作，交由二机部下属的国营二十六公司来完成。

1966年，经中央批复，当年属国家最高机密的地下核工程——816工程，在涪陵白涛镇破土动工，从此在地图上"白涛镇"三个字就被抹去了。

按照最初的设计进度计划，完成洞体开凿总共需要三十多个月的时间。然而事实上，整个洞体最终挖了六年，且开凿主力并非二十六公司，而是两万多名8342部队的工程兵战士，清华、北大等高校以及全国各地的工程专家。

这座掏空山体的工程奇迹，内部错综复杂，洞中有洞、洞中有楼，形如迷宫。其规模之庞大，即使是当初参与设计的工作人员，在没有地图帮助的情况下，也无法顺利找到出口。

整个工程洞厅共有9层，总长24千米，高79.6米，拱顶跨高

31.2米，挖出的山体足以填平一条白涛河；整个工程共有大小19个出入洞口，分别用作人员、汽车通行，排风、排水、仓库出入口等；内设洞室18个，道路、导洞、支洞、隧道等一百三十多条，大都能通行卡车。

工程是核原料生产基地，本身还具备核防护功能。厂房进洞深度400米左右，顶部覆盖层最厚达200米，核心部位厂房的覆盖层厚度均在150米以上，能抵御100万吨当量氢弹在空中爆炸产生的冲击力，或者1000磅常规炸弹直接命中产生的攻击力，此外还能抵抗8级地震的破坏。

工程中还配置了当时中国最先进的计算机科技，以对核反应堆进行一系列的数据监控，同时实施机械自动化管理。

从1966年动工至1984年停工，先后共有六万余人从全国各地赶赴白涛镇，投身于816工程的建设事业。1984年6月，国际形势

◆ 816地下核工程
　　重庆建峰工业集团有限公司　供图

发生改变，国务院、中央军委顺应时代发展要求，正式批准816工程停建。

六万人历经18年的建设，完成了816总体工程85%的建筑工程、60%的安装工程。工程基建投资达7.4亿元，预计再投入约1亿元，整个工程就可以投产。但为了和平与国家经济建设大局，816地下核工程不得不提前结束自己的历史使命。

当年生活在白涛镇的人们，在2010年之前从来没有听过816工程或816工厂的名字，哪怕他们的亲人每天都往返于工地和住地之间。

作为当时国家最高保密级别的生产基地，816工程建设的六万参与者们都被要求实施不同程度的保密等级。负责安保的是一个警卫团，每个车间都有警卫，路口、桥头也有人背着枪站岗警戒。洞体外一共有三层保卫，进来的车辆要对口令，口令经常改，对不上就进不去。

不同工种的人每天乘坐不同的班车，集体前往不同的工作地点。吃饭或下班时集体行动，三点一线。有时候如果因为动作慢或是有工作错过了饭点，就只能待在原地等下一班工人到来才能找到出口离开。因为洞体工程实在是太大了，如果单独行动，很容易闯入禁区；又或者迷失方向，困死在洞中。工作人员曾在一处封闭的隧道尽头发现一头误闯入洞的耕牛，被发现的时候不知被困了多久，已经力竭而亡。

外地来的工作人员，不能告诉亲友自己工作的具体单位及工作内容。据说有一对湖南籍的亲兄弟，离开家乡时彼此只说调去外地工作，不说具体在哪里、是什么单位。不承想数年后两兄弟一次偶遇，才发现原来都在816工程。在很多家属区孩子的记忆里，父母们回家从来不谈工作，偶有机会听到类似"烟囱不冒烟了"之类的话，就有旁人小声提醒"别说这个"。

816工程没有通信地址，所有的信件往来都通过一个名为"重庆市4513信箱"的公共信箱中转。对亲戚朋友，他们声称自己在"建新公司""建峰公司"工作，这是工程对外的掩护名称，每隔一段时间就会换一个。

在今天的816工程遗址附近3千米处，有一座烈士陵园。76位参与工程建设的烈士埋葬在这里，他们的平均年龄只有21岁。

当年开凿816洞体的时候，因为没有大型的机械挖掘设备，解放军8342部队的工程兵战士们，只能用最简陋的工兵镐、工兵铲、炸药、风钻等工具人工开凿。战士们在作业面上掘进时，除身后以外，上下左右前五个方向都是坚硬的岩石，可谓"五块石头夹一块肉"。

整个洞体的开凿过程中，先后有一百余名解放军指战员在意外事故中牺牲。这些意外事故有时是炸药意外爆炸，有时是山体突然坍塌，有时是乌江洪水倒灌……两万余名人民子弟兵，用血肉凿开了这个伟大的洞体。

牺牲的烈士们，由于816工程的保密机制，无法向外界公开牺牲原因，他们的亲属根本无从知晓他们牺牲在哪儿、因何牺牲。这个秘密一直被保守了十八年之久。很多亲属都是通过电视上播放的烈士名单对号入座，才大致确认了烈士们的身份。

2010年，816地下核工程遗址作为红色旅游景点，开始向公众开放。这标志着816工程从此告别了自己肩负独特使命的"前世"，拥有了光明璀璨的"今生"。

渝中区

◆ 中法学校校址

在重庆渝中区大溪沟谭家花园，从街边一座拱形门洞走进去，穿过一段不长的过道，就能看见一栋独立的浅黄色旧式二层小楼，这里就是当年重庆中法学校所在地。

中法学校，全称中法大学四川分校，成立于1925年9月，由革命先驱吴玉章、杨闇公等人创办。1926年1月，在中法学校诞生了重庆城区最早的党支部——中共重庆支部。1927年，反动军阀刘湘制造了"三三一"惨案，中法学校被捣毁停办。

1925年8月，经中共中央推荐，国民党中央指派吴玉章到重庆，改组四川国民党组织，推动四川地区的国共合作。为了更有效地培养革命干部，他决定在重庆筹建一所干部培训学校，他的想法很快得到了杨闇公和冉钧的一致赞同。那时的重庆，城内很难租到校舍。在杨闇公的父亲杨淮清等人的帮助下，最终他们在大溪沟一带租到一处叫作"懋园"的院子。他们将田坝辟作操场，将居民楼改作宿舍。

中法学校成立后,吴玉章亲自出任校长,聘请了杨洵、冉钧、周贡植、李嘉仲、肖华清、童庸生、漆南薰等一批具有海外留学经历或外地来渝的有较高学识的共产党员、共青团员和国民党左派人士任教师。1925年9月4日,中法学校正式开学,最初的生源都是因参加学生运动而被其他学校开除的进步学生和社会进步青年。开学不久,学生们就到重庆磁器口一带的工厂建立平民学校,进行革命宣传教育活动。

中法学校以"造就革命的、为共产主义社会奋斗的人才"为目的,在传授科学文化知识的同时,以宣传马克思主义思想、激发学生的反帝反封建的爱国热情为教育理念,呈现出生机勃勃的革命景象,使中法学校学生成为重庆学生运动的中坚力量,为四川大革命运动的蓬勃开展作出了重要贡献。学校在培养大批优秀

◆ 中法学校旧址
　彭镛　摄

党团骨干的同时，也为中共重庆地方组织的建立作了思想和干部上的准备。1926年春季，前来报名的学生增加到四百人，1927年开学时已达一千余人。

1926年1月，根据党、团中央的指示，吴玉章、杨闇公、童庸生、冉钧、周贡植等旅欧、留苏回国和求学京、沪回渝的共产党员与在重庆活动的共产党员，在该校成立了以冉钧为书记的中共重庆支部，直属中央领导，是中国共产党在重庆地区建立最早的基层支部之一。

1927年3月31日，为抗议英、美军舰炮击南京，中共重庆地委和国民党左派省党部在打枪坝组织召开"重庆各界反对英美炮击南京市民大会"，声讨帝国主义的罪行，拥护武汉国民政府出师北伐。四川军阀刘湘，一方面派人对国民党左派省党部负责人杨闇公等人进行威胁，企图阻止市民大会的召开；另一方面，密谋镇压这场革命活动，妄图将重庆地区的中共党员和国民党左派人士一网打尽。

集会刚刚开始，四川军阀刘湘便遵照蒋介石密令，勾结当地反共势力出动军队包围会场并开枪射击，造成死亡三百余人、重伤七八百人、轻伤不计其数的三三一惨案。

与此同时，四川军阀还派兵搜捕共产党人和革命群众，中共重庆地委书记杨闇公等人惨遭杀害。重庆党、团地委也遭到严重破坏，使四川轰轰烈烈的大革命运动迅速陷入低谷，直接导致四川大革命运动的失败。中共重庆地委、国民党左派省党部、重庆总工会、中法学校等被反动军阀捣毁。

从1925年9月建校开学，到1927年4月学校被迫关闭，中法学校虽然仅开办了短短一年半的时间，但它在重庆点燃的革命火种，却熊熊燃烧在巴渝大地上。

如今中法学校经过修复，已经成为重庆渝中区一处与众不同的红色旅游景点，免费对游人开放，许多机关单位也选择来这里开展党史学习教育活动，通过参观学习重庆党、团组织创建的历史，以及共产主义先驱领导重庆地区革命斗争的光辉历程，深切缅怀革命先辈，追寻他们的光辉足迹，传承红色基因，发扬光荣革命传统。

◆ 中共重庆地方执行委员会旧址

在重庆城区二府衙70号（今渝中区二府衙街19号），有一幢中西式砖木结构的三层青灰色小楼，布局规整，古朴庄严。九十多年前，这里是中共重庆地方执行委员会（简称中共重庆地委）所在地，也是全川大革命运动的核心地，留下了党早期在重庆开展革命斗争的光荣历史。

1925年中共四大召开，在《对于组织问题之议决案》中明确提出重庆等地"应努力开始党的组织"的要求。随后，以杨闇公、童庸生为代表的重庆地区早期共产主义先驱多次向团中央、党中央汇报请示成立党组织。1926年1月，根据党、团中央的指示，重庆地区最早的党支部之一——中共重庆支部成立。经过紧张筹备，

◆ 中共重庆地方执行委员会旧址
彭镛 摄

经中共中央批准，1926年2月，统一领导四川境内中共党组织和党员的组织机构，中国共产党重庆地方执行委员会正式成立，杨闇公任书记。

一般情况下，先建立共产党组织，再在党组织的领导和帮助下建立团组织，这是共产主义组织在全国建立的普遍规律。但在重庆乃至四川却较为特殊，是先建团、后建党。

1919年"五四运动"爆发后，借助"五四运动"强劲的东风，各种宣传民主与科学的书刊涌入重庆，重庆的青年知识分子不断受到新文化、新思想的影响，重庆的思想、文化领域开始活跃。1921年在重庆创刊的《新蜀报》成为了当时宣传新文化、新思想，传播马克思主义的重要阵地，《新蜀报》主笔萧楚女被誉为"重庆传播马克思主义新思想启蒙运动的旗手"。

在新思想、新文化影响下，一大批优秀青年走出国门，赴法勤工俭学，探寻救国救民的真理，邓希贤（邓小平）、聂荣臻、冉钧、周贡植等就是他们中的杰出代表。与此同时，经在重庆的社会主义者和由俄、法、日归国的团员积极筹备，1922年10月9日，中国社会主义青年团重庆地方执行委员会（简称重庆团地委）成立，由周钦岳担任首任书记，10月30日获团中央执委会承认。

重庆团地委成立后，由于缺乏大规模开展革命运动的群众基础和实际运动经验，工作局面难以打开。1924年9月，团中央委任萧楚女为驻川特派员，负责整顿重庆团地委。萧楚女到重庆后，经过观察和调查，很快摸清了实际情况，决定从加强政治思想入手，对重庆团地委进行整顿。

1925年1月，重庆团地委进一步改选，选举经验更加丰富和老成的杨闇公任组织部主任代行书记职务；童庸生先是代理组织干事，后代理宣传干事。重庆团地委和重庆各地区社会主义青年团的相继成立，标志着马克思主义宣传和共产主义运动在重庆已发展到一个崭新的阶段。此后，在重庆团地委的领导下，发动以学运和工运为主体的群众运动，为推动重庆大革命运动的迅速开展作出了开创性贡献。

1924年9月，重庆团地委联合十三个进步团体单位成立"重庆反帝国主义联盟"，并在夫子池组织民众演讲会，萧楚女在会上宣讲了马克思的剩余价值和阶级斗争等理论。

1924年11月19日，日本帝国主义商船"德阳丸"号私运劣币抵达重庆，武力抗拒海关人员查验，打伤执法人员，并将4人抛入江中，制造了骇人听闻的"德阳丸案"。事件发生后，重庆团地委立即成立"德阳丸案"重庆外交后援会，在打枪坝举行了七千多人参加的抗议大会，会后举行了示威游行，捣毁了省长公署，迫使地方军阀政府不得不撤换了重庆海关监督，日本也被迫调回驻重庆领事。

1925年4月，在重庆各界人民隆重举行孙中山先生追悼会期间，重庆团地委组织五十多个演讲队，印发传单七十余种，广泛宣传"联俄、联共、扶助农工"三大政策和反帝反封建的主张。10月10日，重庆团地委为扩大革命宣传、反击军阀当局，组织民众在打枪坝集会，会后万余人参加了反帝示威大游行。

位于城区二府衙70号的杨闇公父亲杨淮清的住宅，在中共重庆地委成立后，成为了中国共产党在重庆的秘密活动基地。杨宅地处重庆城中心，四通八达交通便利，小楼的阁楼与其他的居民楼紧紧相连。如果发生什么意外，随时方便议事人员安全撤离，具有很强的隐蔽性和便利性。萧楚女、吴玉章、冉钧、童庸生、刘伯承、朱德等重庆党团组织负责人常来这里参加会议，许多思想进步的热血青年也是这里的常客。

1926年，为配合北伐战争的顺利进行，中共重庆地委决定在顺庆、泸州、合川等地发动武装起义，意在充分利用川军军队内的左派力量，培养一支由朱德、刘伯承领导的武装部队，以推翻四川军阀的反动统治。

根据中共中央的意图和四川及重庆地区军事工作的发展情况，11月中旬，杨闇公、朱德、刘伯承等在位于重庆六店子的刘伯承的家里召开紧急会议，成立了中共重庆地委军事委员会，杨闇公兼任军委书记，朱德、刘伯承为委员，以加强对武装起义的领导。

12月1日，泸州率先发动起义。两天后，顺庆起义接续展开。泸顺起义爆发后，四川军阀刘湘立即着手镇压起义军。次年4月，蒋介石又发动反革命政变，密令"围剿"泸州起义部队。反动军阀从陆路猛攻龙透关，刘伯承带兵坚守龙透关阵地，率部三次击退敌军，龙透关下尸骨累累。随后刘伯承分析处境，为保存革命实力，决定撤离，历经艰苦奋战167天的泸顺起义宣告失败。

中共重庆地委领导和发动的泸顺起义，是中国共产党力图掌握武装的一次勇敢的尝试，是牵制敌人配合北伐的重大军事行动，同时也有力地推动了四川革命运动的发展，成为党在大革命时期争取改造旧军队的一个范例。虽以失败告终，却具有非常重大的意义。就在几个月后，南昌起义打响了武装反抗国民党反动派的第一枪，揭开了中国共产党独立领导武装斗争和创建革命军队的序幕。

在中共重庆地委的领导下，四川和重庆地区的大革命运动蓬勃开展，并迅速汇入到全国大革命的洪流之中，呈现出迅猛发展的崭新气象。

◆ 国际村

今天的国际村，指的是国际村社区，即从两路口往鹅岭公园缓步上坡的这一片丘陵地带。而国际村之所以被称为"国际村"，与抗战时期这里的地域功能密切相关。

抗战时期，国民政府西迁重庆，许多外国友人和驻华使馆及机构随之迁居而来。他们主要聚集在李子坝、两路口、鹅岭一带，部分居住在南岸南山一带。从李子坝到两路口、鹅岭一带便成为了外国人时常出入的场所，因而有了国际村这个地名。

抗战时期，国际村先后进驻了美国大使馆、澳大利亚公使馆、丹麦公使馆、土耳其公使馆等，随后开辟出使领馆工作人员的寓所（如美国公使馆记者宿舍楼）、娱乐场所，以及保障外交人员与机构安全的军事工事。

除此以外，国际村附近还有蒋介石、宋美龄在鹅岭的短期居所——鹅岭飞阁，鹅岭飞阁后来成为英国驻华大使卡尔的居所。此外还有中央银行印钞厂（今渝中区鹅岭贰厂）、中央图书馆（即罗斯福图书馆）等承载抗战外交、军事、文化活动的重要聚集场所。

在国际村发生的红色故事，与中共中央南方局重要领导人周恩来密切相关，这里可谓是中共在战时重庆的重要外交阵地。

1941年皖南事变爆发后，国民党对外封锁了所有消息，撤掉了新华日报的报道稿件，企图掩盖自己枪口向内的丑恶行为。面对危机，周恩来迅速作出反应，他必须尽快让事件的真相暴露在国际视野里。

周恩来首先致函已经回到纽约的驻华美国记者斯特朗，随信附去中共中央军委会的相关正式声明，建议她发表所知道的情况。随即斯特朗在纽约一些报纸和《美亚》杂志上发表文章，揭露皖南事变真相。

随后周恩来来到鹅岭飞阁,面见英国驻华大使卡尔,向卡尔详细讲述了新四军血洒皖南的真相。卡尔被他的真诚和提供的翔实资料打动,他在给英国政府的电文中指出"中国内战只对日本有利",促使英国政府对蒋介石施加压力。

当时美国总统罗斯福的行政助理居里恰好在重庆,在卡尔的秘密安排下,周恩来冲破蒋介石的重重阻挠,在英国驻华大使馆见到了居里。他巧妙运用美国希望中国牵制日本南进兵力的心理,向居里阐述了国民党破坏团结、制造摩擦的事实,表明中国如果发生内战,势必会导致日本南进。

居里随后对国民党发表正式声明,称:"美国在国共纠纷未解决前无法大量援华,中美间的经济、财政等各问题不可能有任何

◆ 国际村
彭镛 摄

进展。"迫于压力，蒋介石曾在日记中写道："新四军问题余波未平，美国因受共产党蛊惑，援华政策几乎动摇。"

周恩来得知美国著名作家海明威携夫人玛莎·盖尔霍恩正造访中国，便托八路军驻渝办事处负责人王炳南的德籍夫人王安娜向盖尔霍恩夫人带信，想要约见海明威。谁料海明威一听到周恩来的名字当即表示愿意和周恩来会面，因为他知道周恩来是荷兰导演乔里斯·伊文思的好朋友，伊文思曾于1938年至1939年来中国拍摄纪录片，结识了周恩来。

第二天，海明威夫妇先在山城重庆迷宫般的街巷里"随意散步"，在确信甩掉了跟踪盯梢的密探后，他们匆忙钻进一辆人力车，一路飞驰来到位于重庆市渝中区中山四路曾家岩50号的"周公馆"。在这里，周恩来全程用法语无障碍地与海明威夫妇交谈，聊起了各国的文化趣事。

周恩来跟海明威谈起了震惊中外的皖南事变，向海明威讲述了事件经过及现在的事态，也表明了中国共产党的抗日方针。他交给海明威两份重要的纪要文件，内容是国民党政府总参谋长何应钦和副总参谋长白崇禧关于皖南事变的声明记录。他恳请海明威作为文化名人，搭建起中共与美国政府之间的桥梁，将两份重要的文件转交美国政府，为美国政府了解国共关系提供参考意见，希望美国政府能仔细阅读。

短暂的面谈中，周恩来的个人魅力与气质风范给海明威夫妇留下了深刻印象。海明威后来不无感慨地说："周恩来是一个有极大魅力和智慧的人……他成功地使几乎每一个在重庆与他有接触的人，都接受他对于所有发生的任何事情的立场。"结束重庆之行后，海明威曾大胆断言，中国共产党在战后将获得政权。

皖南事变后周恩来的一系列外交活动，有很多都是在国际村这个外交阵地里进行的。由此可见当年的国际村对于中国的政治局势有多么重要的作用。

1946年，政府机构陆续撤离，除民国印钞厂工人继续留驻外，寻常市民迅速迁入国际村。新中国成立后，1953年印钞厂被改为重庆印制二厂。其后于山林之间兴建住宅，更多的工人定居国际村。

今天的国际村社区已经成为渝中区一个居民聚集的地方，淹没在城市中心的现代高楼中。只有遗留的几处老建筑，才透出一抹抗战时期国际交流聚会地的影子。如今的国际村已是渝中区两路口街道办事处下辖社区居委会的称谓，只是这个地名背后，永远铭刻着那一段风起云涌的往事。

◆ 曾家岩50号（周公馆）

渝中区有一条不到千米长的道路，它就是被评为重庆"最美街道"的中山四路。道路两旁种满了高大的黄葛树，矗立着许多青砖灰瓦的民国时期的建筑。1937年12月国民政府西迁重庆后，许多政要机关就设立在这里。沿道路走到路的尽头，就是曾家岩50号——中共中央南方局在市区的办公地。

1938年9—11月，中共中央在延安召开六届六中全会。为了适应抗战相持阶段到来后党在国民党统治区的统一战线工作所面临的新形势，贯彻党在六届六中全会上确立的抗日民族统一战线新策略，决定成立中共中央南方局，周恩来任书记。同年12月，周恩来经湖南、广西抵达重庆。

周恩来抵达重庆后，为了给中共中央南方局寻找一处在重庆城内的办公地，1939年2月，邓颖超以国民政府军事委员会政治部副部长周恩来的名义，租下了位于曾家岩50号的一幢小楼。这座两进院、三层高的建筑原本是一对赵姓夫妇的房产，1938年为躲避日机空袭，赵氏举家迁往乡下，将房子租给了时任国民政府立法委员的陈长蘅。邓颖超从陈长蘅手中转租了一层、三层和二层东侧的几间房屋，对外称"周公馆"，实际上是中共中央南方局部分机构的办公地。

除了被中共中央南方局租用的房屋外，这幢小楼的其余房间，分别租给了时任国民党中央抚恤委员会主任秘书刘瑶章、国民党上层人士端木恺，以及时任重庆市市长贺耀祖的夫人倪斐君领导的"战时妇女服务团"，形成了国共两党人士"同进一个院，共住一栋楼"的现象。

周公馆大门的左侧就是国民党警察局派出所，右侧就是国民党军统局局长戴笠的公馆。为监视周公馆的一举一动，军统特务甚至在路口开了一个小茶馆和一个修鞋铺作为监视点。

1958年董必武重返周公馆时题下一首小诗，形象地描绘了当年的周公馆："八年抗日此栖身，'三打维支'笑语新。戴笠为邻居在右，总看南北过门人。"董必武解释说"三打维支"就是英文里的面包夹火腿（三明治），因为当时他们住在一层和三层，夹在

◆ 曾家岩50号周公馆
　　彭镛　摄

中间第二层全部是国民党人士。

尽管内外环境都极其险恶，中共中央南方局仍然在这里坚持工作，为巩固和发展抗日民族统一战线作出了重要贡献。周公馆前院设有会客室兼会议室，后院是周恩来、邓颖超起居生活之处，设有卧室和一间小厨房。

皖南事变爆发后，国民党封锁言论，歪曲事实，掀起第二次反共高潮。为了打破皖南事变后重庆沉闷的政治空气，南方局根据进步文化人士的建议，决定以戏剧演出作为斗争突破口，开展了"雾季戏剧演出"。"雾季戏剧演出"取得了极大的成功，周恩来在曾家岩50号设宴感谢重庆文化界进步人士。宴会中，周恩来亲自下厨，烧了一道自己拿手的家乡菜——红烧狮子头，这道菜上桌后被一抢而光，在文化界人士中传为佳话。

抗战胜利后，国民政府还都南京。为适应新的形势，中共中央南方局和中共中央代表团也迁往南京，周公馆成为中共四川省委和中共代表团驻渝联络处的驻地。国民党反动派为争权夺利，不顾人民死活，执意挑起内战，准备对在重庆的共产党人发起行动。早已有所察觉的周恩来要求将重庆的工作人员减少至最低限度，以应对随时可能出现的危险。

1947年2月28日凌晨，一群特务悄悄包围了黑暗中的中共四川省委驻地，他们首先切断了电话线，防止有人泄露消息；然后分成几个小队，分别冲进不同的房间，以抓捕共产党员，搜索秘密文件。

特务们信心满满地将抓捕到的人员和收缴的文件带回总部，才发现仅仅抓到了几名还没来得及撤退的普通办事人员，而整个周公馆搜出来的文件中，连一张有价值的纸片都没翻到。

虽说周恩来早有安排和部署，但这次突袭行动这样突然，没有一点预兆，反动派怎么也不会落到一个颗粒无收的地步啊。原来，就在行动部署结束后的一小时内，一个神秘人将消息送到了中共四川省委书记吴玉章手里，吴玉章立马着手安排好了一切。

这个神秘的人物，就是后来为解放西南立下汗马功劳的国民党中将代理参谋长刘宗宽。作为长期潜伏在国民党内部的中国农工民主党人士，刘宗宽在与周恩来、叶剑英等共产党人频繁接触的过程中找到了自己的信念，那就是让中国翻天覆地、焕然一新。他看到了抗日战争中国民党贪图享受不顾百姓的消极态度，深切痛恨国民党的腐败，认为只有中国共产党才能救中国于危难之中。

于是，就在得知国民党即将对周公馆发起行动的消息后，他不顾个人安危，经过单线联系人郭则沉的传递，将消息送到了吴玉章手中，为吴玉章争取到了宝贵的时间，让国民党特务一无所获。

今天的周公馆，门前变成了宽阔的广场，广场中央立着一尊周恩来风雨兼程、辛勤奔走的全身铜像。这里也成了游客们追忆往事、接受爱国主义教育的红色旅游景点。当年发生在周公馆的故事，人们口口相传，影响着一代又一代后来人。

◆ 红岩村

嘉陵江南岸，有一幢并不出众的灰色老建筑。老建筑四周绿树环绕，门前芭蕉树郁郁葱葱。这幢楼就是抗日战争时期中国共产党在国统区的指挥中心——中共中央南方局和八路军驻重庆办事处驻地。抗战时期，周恩来、董必武等同志或以中共代表或以国民参政会参政员的身份在这里进行统一战线工作；抗日战争胜利后，毛泽东参加重庆谈判，也居住于此；毛泽东在这里抄录了在陕北所作的《沁园春·雪》赠送柳亚子，后在《新民报》上公开发表，在山城引起轰动。这个地方就是红岩村。

说到红岩村，一个人的名字必然会被提起，她就是饶国模。饶国模出身于今重庆市大足区国梁镇一个书香门第之家。饶国模的大哥饶国栋是老同盟会员，二哥饶国梁是黄花岗七十二烈士之一，弟弟饶国材在抗战全面爆发后在成都加入共产党。饶国模从小就立下了振兴中华的理想。

饶国模在家乡读完铜梁女子中学后，于1912年考入成都益州女子师范学校。毕业后先后在威远和铜梁等地小学任教。

1930年，饶国模怀着"实业救国"的理想，用自己经营活动积攒下来的一笔钱，在重庆郊区红岩嘴买下了二百多亩荒谷坡地创办了大有农场。因为她丈夫姓刘，人们也称这里为"刘家花园"。

1938年春，八路军在重庆市区机房街设立了通讯联络处。同年底，因武汉沦陷而西迁重庆的八路军武汉办事处抵渝。在原重

◆ 红岩村
　彭储 摄

庆通讯联络处和武汉办事处的基础上成立了八路军重庆办事处，也叫第十八集团军重庆办事处，办公地点仍在城内机房街，通讯和电台机要科设在棉花街。1939年5月初日机大轰炸，机房街70号被炸毁。考虑到驻地分散，不方便开展工作和躲避日机空袭等原因，在重庆刚成立不久的中共中央南方局和八路军重庆办事处决定在市郊另觅新址。通过比较，饶国模在红岩嘴的刘家花园便进入了大家的视线。

通过进一步考察，发现饶国模不仅是广州黄花岗烈士的妹妹，而且她的三个子女也都加入了共产党，她本人思想进步，支持共产党，在1937年"七七"卢沟桥事变后，发动妇女群众缝制了棉背心数千件慰劳前方将士。

于是八路军办事处便决定在饶国模的大有农场修建办公场所，得到了饶国模的大力支持。1939年秋天，由八路军办事处同志自己设计并修建的办公住宿大楼竣工，整幢楼房为土木穿斗结构，两楼一底，有大小房间54间。南方局、八路军驻重庆办事处全部迁此办公。地方当局将这里的门牌号编为红岩嘴13号（1945年改为红岩村13号）。

对于共产党的到来，饶国模积极回应，虽然和八路军办事处签订了租赁合同，但是此后八年间，饶国模从来没有按合同收过房租。每年农场的葡萄、梨子等水果熟了，办事处干部战士和家属天天从旁边路过，也从不摘一颗。

皖南事变爆发后，国民党停止对八路军发饷，还密令粮商不得向八路军办事处卖粮。饶国模便赶回铜梁县老家，以农场需求的名义买到几车大米运回送给办事处。

随着八路军办事处人员的增多，孩子也渐渐多起来，饶国模又向邓颖超提出建一所幼儿园。当得知地皮和经费有困难时，她二话不说，马上让人砍倒了山坡下的一片梨树林，自己花钱建起一排朝阳的房子当幼儿园，还领着保姆带孩子。"刘太太"这一情谊，使许多老同志和孩子们终生不忘。重庆解放后召开第一次庆祝大会，邓小平便拉着胸佩大红花的饶国模在台上介绍说："这就是红岩村革命的妈妈。"

1945年毛泽东到重庆谈判时，曾邀请饶国模共进午餐，并称赞她的家庭是"一个革命家庭"。

在红岩嘴的八年时间里，八路军驻重庆办事处的工作人员与饶国模情同一家，结下了深厚的革命友谊。1946年，董必武在离渝临行前曾写下《题赠饶国模女士一绝志谢》的七言绝句："八载成功大后方，红岩托足少栖惶。居停雅有园林兴，款客栽花种竹忙。"

诗后附有题跋："倭寇侵逼，国府西迁，重庆襟江背岭，成为战时首都。远地来人云集潮涌，吾辈初至此邦，几难措足。铜梁饶国模女士，豪爽好客，渝郊红岩经营农场，欣然延纳，结庐其间，忽忽八年矣，当胜利还都，赠一绝志谢。"

红岩嘴"大有"农场就和它的主人饶国模一样，被载入了光荣的史册，成为不朽的名字。

如今，我们伫立在高楼林立、车水马龙的现代化大都市中，脚下踩着红岩这块热土，正应了饶国模的诗句："他年凯歌高旋时，红岩即是众人家。"

在红岩村还有一个与一棵黄葛树相关的故事，如今这棵黄葛树已经成了红岩村里一个著名景点。黄葛树是重庆的市树，在重庆的古街老巷中，随处可见生长在石坎、崖壁、城墙上的黄葛树，裸露的虬根与石体紧密融合，屹然而立，遮风挡雨，是重庆市独有的风景。北魏《水经注》载："江水又东经黄桷峡（铜锣峡）。"宋《图经》云："涂山之足，有黄桷树，其下有黄葛渡。"重庆至今仍有黄桷垭、黄桷坪、黄葛渡等地名。

　　从农场大门进入，行至不远处，这棵高大、茂密的黄葛树正好立在三岔路口上。当时，租赁刘家花园的除了中共中央南方局和八路军办事处外，还有国民党的国民参政院。黄葛树右边的道路向上通往八路军驻重庆办事处大楼，左边的道路向下通往国民党的国民参政大楼。八路军办事处迁入红岩村不久，进步电影、话剧演员陈波儿一行前往办事处，一不小心就进入了国民参政会大楼，幸亏饶国模及时赶到才接应了回来。为了防止此类事情再次发生，饶国模安排了一位叫黄大娘的在黄葛树下摆了一个茶水香烟摊，为去八路军重庆办事处的人指路，黄葛树因而成为了一个重要的"路标"，甚至还有"走红岩，投八路，抬头先看黄葛树"的说法。这棵黄葛树在抗战时期战时首都重庆的白色恐怖中，成为党组织成员和外界人士寻访中共中央南方局和八路军驻重庆办事处的重要路标，人们又称之为"阴阳树"。1946年春，周恩来和中共中央南方局、八路军驻重庆办事处以及新华日报的几十位同志，在这棵黄葛树下合影，留下了珍贵的历史记忆。

　　这棵具有特别意义的黄葛树，在1976年曾经遭遇雷击，后来经过嫁接得以存活。如今这棵黄葛树枝繁叶茂，亭亭如盖。

　　红岩村的上空还上演了一出精彩的密码战。

1943年2月6日，苏联情报人员鲍尔沙科夫从重庆发给共产国际执委会主席季米特洛夫一份电报，其中写道："季米特洛夫同志：我们从重庆得到消息，中国中央政府情报机关头子戴笠掌握了中共和第十八集团军在重庆代表的电台工作暗号、密码和发报时间……所有中共电台的位置均已被戴笠的机关查到了，电报被截获和破译。"

其实这封电报是中共中央南方局有意泄露、乱人耳目的，中共机要人员采用以假报（乱写的码子）掩护真报、以外围（战报）掩护核心的办法，故意使用一些简单的密码来拍发战报等一般性消息，吸引特务机关集中力量来破译，以保证通报机密事项使用的高级密码的安全。

早在1939年国民党方面就出台《防制异党活动办法》，频频制造反共摩擦。戴笠在重庆卫戍司令部稽查处设置了电讯监察科，负责侦听重庆地区的无线电台活动，重点关注、监视八路军办事处的电台工作情况。他们每个月都要来八路军办事处现场检查，核对机器型号、呼号、波长等。中共中央南方局在重庆设有八部电台，其中三部是公开的，已向国民党当局登记备案。另有五部为秘密的，其中两部设在红岩村办事处三楼，联络对象为延安、雅安；一部设在红岩村俱乐部楼上，与延安试通后备用；其余两部为流动性质，先后分设在市郊黄沙溪、市内中国工矿银行办公楼上，联络对象为延安。

周恩来是共产党第一批密码专家，他编制了我党使用的第一本密码"豪密"（由周恩来化名伍豪而命名）。在办事处，他亲自领导电台工作。按照规定，在三楼的电台工作人员一般不下楼，

连吃的饭、喝的水都是由勤务员送上去。楼下的人一般也不能上三楼。电台是24小时工作，电台机要人员也是三班倒。电台机要人员的宿舍就安排在三楼，大一点的房间住三人，小一点的房间住两人。为了保密，很多电台机要人员在办事处工作期间没有出过门；即使外出也必须两人以上同行，以避免国民党的策反和抓捕。

1939年夏天，在军统局电信总台（时称电讯总台）工作的张蔚林和军统局电信总台报务主任冯传庆突然来到重庆城内的周公馆。通过几次接触，他们把军统局及其电信总台的情况报告给办事处的人，并提供了许多我方还未掌握的情况。经过考验，中共中央南方局军事组决定吸收他们入党。此后，从延安来渝的张露萍与张蔚林等组成一个特别支部，在军统局电信总台又发展了几名党员。当时军统的报务工作和译电工作是分开的，冯传庆等电台报务人员并不直接掌握军统的电信密码，但他们想方设法积极工作，除了把军统电信总台的呼号、波长及通信联络网的情况报告中共中央南方局外，还提供了部分密码的情报，从而打破了特务机关的铜墙铁壁，获取了敌人的机密情报。

1940年3月，张蔚林等人不慎暴露，被军统局抓获，后被国民党特务机关杀害。

1941年1月皖南事变发生后，蒋介石竟诬称新四军"叛变"，宣布取消其番号。周恩来提前得到情报，连夜召集中共中央南方局和办事处工作人员开会，应对可能发生的种种情况；在《新华日报》上刊发文章揭露事情真相，并亲笔写下"千古奇冤，江南一叶"的挽诗。迫于国内外压力，国民党方面没能采取更极端的反共措施。

在国民党方面的种种限制之下，八路军办事处秘密使用一部功率仅有五瓦的小电台，保证了对外的通信联络。直到1945年重庆谈判期间，这部小电台仍旧发挥着重要作用，而国民党特务机关始终没能破译其核心密码。

为纪念那一段红色岁月，今天的红岩村大有农场原址的入口位置建有红岩革命纪念馆。纪念馆于1958年5月1日建成开放，1959年由董必武题写"红岩革命纪念馆"馆名。该馆主要景点包括中共中央南方局暨八路军重庆办事处旧址、曾家岩50号周公馆、《双十协定》签字处——桂园、中共代表团驻地旧址、《新华日报》总馆等文物遗址。

以毛泽东、周恩来同志为代表的中国共产党人在国民党政权统治下的重庆，为争取民族独立和人民解放的革命斗争实践中，锤炼、培育和形成了熠熠生辉的精神。红岩精神充分体现了老一辈无产阶级革命家、共产党人和革命志士的崇高思想境界、坚定理想信念、巨大人格力量和浩然革命正气。回望过往历程，眺望前方征途，我们要赓续红色血脉，传承红色基因，继往开来，开拓前进，把革命先烈流血牺牲打下的红色江山守护好、建设好，努力创造无愧于历史和人民的新业绩。

今天的重庆，红岩村、曾家岩周公馆和虎头岩《新华日报》总馆旧址组成了重庆著名的"红色三岩"爱国主义教育基地，接受着来自全国各地的游客的瞻仰纪念。

◆ 虎头岩

化龙桥虎头岩村，有一座院墙"环抱"着依山而建的5栋竹木、土木结构小楼，楼里曾汇聚着一群"笔尖战士"。他们以纸为枪，以笔为弹，宣传着中国共产党的抗日主张，传播先进思想文化，动员全民族抗战。

这里便是《新华日报》总馆旧址。门上"新华日报"四个金色大字熠熠生辉。小楼建筑群沿山势自下而上，依次为医务室、职工服务区、排字房、记者办公室、铸字房、印刷编排室，最高处是社长室和总编室。

总馆旧址参照当年的格局，十余间房间复原陈列。出版部的办公室房门两两相连，社长室靠着记者办公室，夜排字房和夜编部挨在一起。当年新华报人之间的关系就像这些紧挨着的房门一样，亲密无间。

《新华日报》总馆旧址展馆根据历史图片、影像资料，制作了

"新华之光耀华夏——《新华日报》、《群众》周刊"专题陈列展，并展出30余件实物和180余张珍贵历史照片，设置印刷互动区，丰富观众的参观体验。

穿过几栋楼房，便可以看到一个防空洞。这是当年新华日报的工作人员自己动手挖出来的，是整个报馆最安全也最重要的地方。一开始主要是为人员躲避日军飞机轰炸而建，后来干脆将印刷机搬了进来。当时的重庆被轰炸得很频繁，为了不耽误报纸出版，干脆就在这里进行印刷工作。

抗战进入相持阶段，《新华日报》在防空洞里印好后，就用脚踏车从小路运进城。1941年1月皖南事变爆发后，刊载有周恩来"千古奇冤，江南一叶。同室操戈，相煎何急"题词的《新华日报》就是在这个防空洞里印出来的。

《新华日报》是抗日战争时期和解放战争初期中国共产党在国统区唯一公开发行的党报，诞生于抗日战争伊始，国共两党第二次合作期间。当时在全国发行的报纸有《扫荡报》《中央日报》及《大公报》等，中国共产党希望在国统区能有一份真正代表人民群众发声的报纸，于是先后多次在两党会晤及谈判时提出公开发行《新华日报》的要求，最终突破重重困难，于1938年1月11日，《新华日报》在武汉汉口府西一路149号诞生。

《新华日报》创刊后，持续代表民众发出积极抗战的声音，不仅宣传我党的重大方针政策，也对国民党将士积极抗战进行报道，一时间深受民众喜爱，发行量倍增，最高时创下日销五万份的发行佳绩。报丁报童在售卖报纸时，也习惯将《新华日报》放在叫卖的最前列，"卖报卖报，新华扫荡中央"的叫卖声便是从那时开始的。

然而创刊不到一年，武汉就被日军攻陷，新华日报被迫西迁至重庆。1938年7月，周恩来派遣时任新华日报总经理的熊瑾玎等人来到重庆，寻找合适的办报地点。恰逢当时经营虎标万金油的永安堂旗下的《星渝日报》要停办，熊瑾玎当机立断租下位于苍坪街（今邹容路）69号的《星渝日报》社房屋和设备。

《新华日报》于1938年10月24日在武汉出完最后一期，重庆的《新华日报》接着就在10月25日开始出版，报社的迁址并没有对报纸发行造成实际影响，真正实现了无缝衔接。

1939年5月，位于苍坪街的《新华日报》社房屋被日机炸毁，国民党当局借机要求《新华日报》与其他报纸一起联合办报。

为了尽快恢复独立发行，时任新华日报总经理的熊瑾玎在周恩来的指示下，想方设法租下化龙桥虎头岩村的这块地皮。经过三个月的努力，熊瑾玎在这块地上修建了一排简陋的竹编泥糊楼房，作为《新华日报》总馆和职工宿舍。1939年8月13日，《新华日报》在这里出版发行了复刊后的第一张报纸。

总馆建成后，新华日报几乎每年都要在这里举办创刊周年庆，周年庆上除了报社员工表演节目助兴，还会邀请社会名流与团体参与，加强报社与社会各界的联系。

从1939年到1947年被国民党查封，《新华日报》和旗下《群众》周刊的编辑、出版、印刷都在虎头岩完成，唯有负责征订、发行、接洽的营业部出于工作需要而设在了城中心的民生路。

在中共中央南方局领导下，《新华日报》担当着"抗战号角、人民喉舌"的重要角色，在宣传党的主张，鼓舞人民的斗志，维护、巩固和发展抗日民族统一战线等方面作出了极大贡献，被国统区广大群众赞誉为"茫茫黑夜中的一座灯塔"。

新华日报的创办是周恩来根据中央决定亲自组织策划的。无论在武汉还是在重庆，周恩来作为中央领导同志和长江局、中共中央南方局负责同志，为新华日报的成长、壮大倾注了大量心血。

从办报权的争取到报社领导成员的遴选，包括确定一报一刊（《群众》周刊）联合作战的战略布局，以及制定办报方针、亲自审阅重要稿件，周恩来对新华日报的领导是深入周全。他还亲自撰写大量稿件，仅1938年9月底到10月中旬不到一个月时间，周恩来发表在《新华日报》的政论和谈话文章就有五篇。

1941年皖南事变爆发，新华日报立即采写编发揭露皖南事变真相的文章和驳斥国民党反动军令的社论，结果全被国民党掌管的新闻检查所扣押不予发表。得知消息的周恩来亲笔写下"为江南死国难者志哀"的题词和"千古奇冤，江南一叶；同室操戈，相煎何急？"的四言挽诗，在送审之后以此替代刊发，用这种隐晦而特殊的新闻报道形式向读者传达真相，向反动当局表示愤怒和抗议。

1946年，周恩来根据当时的斗争形势致电吴玉章同志，要求为应对突然事变做好准备，保证报社人员的安全以及撤离，尽量将报社工作人员减少到最少限度。随后，在周恩来的部署安排下，原新华日报骨干工作人员章汉夫、夏衍、许涤新、龚澎等先后转移到香港，在那里开辟新的宣传阵地。

《新华日报》在抗战与解放战争期间的意义无比重大，它吹响了激励全民抗战的战斗号角，是中国共产党在国统区宣传战线的重要阵地；它秉持公正、公开、真实、客观的报道形式，揭露了一个又一个民众应当知晓的真相；它为民族存亡呐喊发声，是战时人民群众的精神食粮；它是中国共产党宣传党的路线方针政策最强有力的舆论武器，被毛泽东赞为"党的一个方面军"。

◆ 《新华日报》重庆营业部旧址

《新华日报》营业部旧址位于渝中区民生路240号（原208号），是一幢中西式砖木结构的黑色楼房。该建筑坐北向南，三楼一底，共有房6间，面阔7.2米，进深9.65米，通高约18米，建筑面积277平方米，占地面积105平方米。此楼建于20世纪30年代，为当时重庆著名银行聚兴诚银行修建。

西安事变后，出现了国共两党第二次合作的新局面。1937年10月，中共中央长江局在南京筹办《新华日报》，1938年1月11日正式创刊于武汉。1938年5月，《新华日报》在苍坪街（现邹容路）设立分馆，发行航空版。1938年10月武汉失守后，《新华日报》迁来重庆，营业部设在下半城西二街12号。1940年8月，日本飞机对重庆进行狂轰滥炸，营业部被炸毁。通过各种关系，冲破国民党当局的无理阻扰，《新华日报》租下民生路这栋楼房作为营业部门市和办公用房，于同年10月27日迁此对外营业和办公。当时，民生路号称重庆的"文化街"，离繁华市区更近，此处成为《新华日报》及《群众》周刊出版和发行的前沿阵地。1946年2月22日，

◆ 《新华日报》营业部旧址
　　杨春华　摄

这里被国民党特务捣毁，《新华日报》营业部迁至德兴里39号星庐继续战斗，直至1947年2月28日被国民党重庆当局查封为止。

《新华日报》创刊后，持续代表民众发出积极抗战的声音，不仅宣传我党的重大方针政策，也对国民党将士积极抗战进行报道，一时间深受民众喜爱，发行量倍增，最高时创下日销五万份的发行佳绩。报丁报童在售卖报纸时，也习惯将《新华日报》放在叫卖的最前列，"卖报卖报，新华扫荡中央"的叫卖声便是从那时开始的。

当年在重庆，有一批被誉为"新华小尖兵"的报童，在极其危险的环境下，将党的声音送进了国统区的千家万户。

新华日报社最初没有自己的报童队伍。1939年，国民党顽固派掀起第一次反共高潮，对《新华日报》采取"只准印，不准卖"的扼杀政策，没有人敢卖《新华日报》。于是，报社便开始培养一些胆大的流浪儿童建立自己的报童队伍，报童最多时达到130余人。

"编得好、出得早、销得多"是新华日报社全体同仁奋斗的口号。所以，无论酷暑还是严冬，报童们每天凌晨三四点就起床，天不亮就背着重达20斤左右的报纸，往返步行几十里甚至上百里去送报卖报，但是他们从不叫苦叫累，即便去最危险的地方也从不退缩。

1941年1月，皖南事变爆发，为揭露事实真相，报童们机智勇敢地与特务周旋，将印有周恩来"千古奇冤，江南一叶；同室操戈，相煎何急"题词的《新华日报》送到读者手中。面对特务的抓捕、毒打，报童越战越勇，发展到街上散发报纸。这是电影《报童》的高潮，也是历史的真实写照。

据统计，1941年2月4日至16日的13天中，有11名报童被关押殴打达35次。2月4日这一天，国民党宪兵在重庆两路口逮捕了4名报童，扣押了几捆《新华日报》。报社同志多次交涉无效，直到周恩来亲自打电话给国民党谈判代表张冲提出抗议，4名报童才得以释放。

在报社这所学校，这些青少年战士的政治觉悟和文化水平都得到迅速提高。他们不再仅仅为个人温饱而挣扎，而是把个人命运和革命前途联系在一起，逐步成长为自觉的革命战士，很多报童后来成长为光荣的共产党员。他们之间相互关心，相互帮助，情同手足，生死与共。

经历过战争及岁月洗礼,《新华日报》营业部旧址有幸被保存下来,在全面维修和精心复原后,于1986年10月正式对外开放。今天的《新华日报》营业部旧址,已经成为了重庆市著名的红色旅游打卡景点,这幢历经风雨的三层小楼,向越来越多的后辈们讲述着当年的精彩故事。

◆ 桂园

在渝中区"最美道路"中山四路的入口处,求精中学旁边,有一座独立的小院,小院中有一幢两层小洋楼,这里曾是国民党高级将领张治中将军的公馆。1945年国共两党重庆谈判期间,张治中将军将自己的公馆让给毛泽东、周恩来等共产党谈判代表居住、议事,并最终在这里签署了著名的《双十协定》。

抗日战争取得决定性胜利后,1945年8月14日、20日、23日,蒋介石一连给毛泽东发了三次电报,邀请毛泽东赴重庆进行和平谈判。这三封电报在明眼人看来,就是蒋介石摆下的一场鸿门宴。毛泽东如果不来,蒋介石就可以顺理成章地把"不要和平、挑起内战"的罪名扣到共产党和毛泽东身上;来了,对毛泽东等中共领导人来说又无异于龙潭虎穴。

面对这种咄咄逼人的态势,中共中央政治局接连召开会议进行讨论。最终毛泽东毅然决定,为了实现国内和平、民主、团结,接受蒋介石的邀请,深入虎穴。

离开延安前,毛泽东在政治局扩大会议上分析了抗战胜利后的形势。指出:"现在的情况是,抗日战争阶段已经结束,进入和平建设阶段。我们现在新的口号是:和平、民主、团结……但是,蒋介石在任何情况下,都不会忘记消灭共产党。所以,我们要学会在和平条件下进行斗争,准备走曲折的道路。"

与会同志担心毛泽东的安全,毛泽东却在会上坚定地说道:"去!这样可以取得全部主动权。要充分估计到蒋介石逼我城下之盟的可能,但签字之手在我……由于有我们的力量、全国的人心、蒋介石自己的困难、外国的干预四个条件,这次去是可以解决一

◆ 桂园
　彭镛　摄

◆ 桂园

些问题的。"

毛泽东还对与会同志说:"我在重庆期间,前方和后方都必须积极行动,对蒋介石的一切阴谋都要予以揭露,对蒋介石的一切挑衅行为,都必须予以迎头痛击,有机会就吃掉它,能消灭多少就消灭多少。我军的胜利越大,人民群众活动越积极,我的处境就越有保障,越安全。须知蒋委员长只认得拳头,不认识礼让。"

与此同时,毛泽东也作了最坏的打算,那就是如果作出最大让步还不行,他就"准备坐班房"。他还笑谈道:"如果是软禁,那倒不怕,正是要在那里办点事。"

毛泽东的发言一锤定音。中共中央政治局同时决定由周恩来、王若飞陪同毛泽东前往重庆进行谈判。8月28日,毛泽东、周恩来、王若飞在美国驻华大使赫尔利、国民政府军事委员会政治部部长张治中的陪同下乘专机飞抵重庆。

毛泽东不顾个人安危亲赴重庆的行动,有力地宣告了中国共产党是真诚谋求和平,真正代表了全国人民的利益和愿望,因而受到各阶层人民的热烈欢迎，在国内引起巨大反响。许多人通过毛泽东赴渝谈判这个举动，真正认清了中国共产党谋求和平的真诚愿望，诗人柳亚子为此赋诗一首，称颂毛泽东的这一行动是"弥天大勇"。

重庆谈判期间，毛泽东曾经询问老朋友章士钊对时局的看法，章士钊在毛泽东手心里轻轻地写了八个字："三十六计，走为上策。"除了章士钊，还有许多素不相识的具有正义感的中国人，也默默地关心着毛泽东。

例如，为了保障毛泽东在重庆和谈期间的安全，张治中邀请毛泽东到自己的公馆"桂园"居住，还提出派自己的亲信——政治部警卫营的一个手枪排——担任警卫工作。心思细腻的周总理考虑到张治中在国民党党内承受的压力，沉思片刻后说道："这样安排的话，发生任何事情，责任都是你张治中的了。我建议，把这个责任推给重庆的警备司令部，你的人穿便衣，进行内部保护。"

就这样，整个重庆和谈期间，张治中始终关注着毛泽东和中共谈判代表的安全。《双十协定》签订后，他又亲自陪伴毛泽东乘坐专机到达延安，诚意满满，令人感动。

又例如，在国民政府行政院工作的钱剑夫听说毛泽东在桂园会客的间隙，喜欢走出桂园大门，在警戒范围之外散步。他敏锐地意识到，国民党内部各派系对重庆谈判的态度并不一致，在复杂的政治环境下，毛泽东的这一举动十分危险。他立刻请朋友带给毛泽东一个字条："晨风加厉，白露为霜；伏莽堪虞，为国珍重。"毛泽东看到字条后，立刻会意，再未轻易走出桂园大门。

毛泽东在重庆谈判期间的行动，时刻处于国民党无处不在的监视中。蒋介石以"安全保卫"之名，指定宪兵司令部派出一个特别警卫班进驻桂园，以保证"谈判安全"之名，行监视之实。

负责监视毛泽东和中共代表团的国民党特务详细记录了毛泽东在重庆每天的行程。在这份名为《参政员毛泽东在渝市之动态》的记录中，可以清楚地看到毛泽东、周恩来、王若飞等人在重庆谈判期间的每日行程："9月21日报告：下午9时45分，毛泽东偕王若飞、王炳南及其随员等7人，分乘国渝1247号车与5645号吉普车至桂园，该1247号旋驶上清寺于11时55分接周恩来至桂园，旋毛氏偕周恩来、王若飞、王炳南及随员等乘原车往嘉陵新村白部长公馆至深夜1时许返红岩嘴。"

1945年10月10日下午，中共代表与国民党代表在桂园客厅签署了《政府与中共代表会谈纪要》，即《双十协定》。尽管《双十协定》不久后被蒋介石公开撕毁，但这次重庆谈判的意义却是重大而久远的。它表明国民党方面承认了中国共产党的平等地位，使中国共产党关于和平建设新中国的政治主张被全国人民所了解，从而推动了全国和平民主运动的发展。

◆ 解放碑

对重庆人来说，解放碑既是一座碑的名字，也是一个地名。

在重庆渝中区的解放碑商圈中心位置，有一座高高矗立的八面柱体纪念碑。碑通高27.5米，碑内设有旋梯，从地下一直通往碑顶。碑顶面对街口有四个面，每面皆设有时钟。在碑台的四周建有双层花圃，五彩缤纷的鲜花烘托着碑体的简洁庄严。许多游客站在碑下，留下自己与这座全国著名的标志性建筑物的合影。

这座碑就是重庆人人知晓的解放碑。它见证着新中国的历史进程。

历史上解放碑的前身名为"精神堡垒"，于1941年12月建成。"精神堡垒"修建在当时被日军轰炸最为严重的都邮街（今民权路、民族路、邹容路几条主干道交叉点位置），通体为木结构，高七丈七尺，整体造型像一座炮楼。

为了便于隐蔽，防止被日军飞机轰炸，"精神堡垒"被涂成了深灰色。"精神堡垒"的顶部设有一口瓷缸，内装煤油和棉条，每当有重要事件时就会点燃熊熊火焰。"精神堡垒"的四个面分别写有"精神堡垒""国家至上民族至上""意志集中力量集中""军事第一胜利第一"等字样。

1945年8月15日，日本宣布无条件投降，抗战胜利结束。为纪念这场伟大的胜利，重庆市参议会建议在"精神堡垒"旧址上修建"抗战胜利纪功碑"。1947年8月，耗资2.02亿元，完全由钢筋水泥建造的抗战胜利纪功碑建成。当时重庆市民戏称道："这下

◆ 解放碑
　　彭镛　摄

好了，就算再强的炸弹也炸不垮了。"

实际上，抗战胜利纪功碑就是今天解放碑的本体建筑，高度为27.5米，八面柱体以及内空八层的结构，有所不同的就是碑顶上的设置与碑身上的刻字。

抗战胜利纪功碑顶部设有警钟、探照灯、风向仪、风速仪、指北针和望台等装置，兼具了安保、气象和战备等各项功能。在碑身正面刻有时任重庆市市长张笃伦书写的"抗战胜利纪功碑"七个镏金大字。在"抗战胜利纪功碑"胜利走廊的墙壁上，铭刻着战时美国总统赠送的激励重庆人民的卷轴译文。

在重庆有一句歇后语："解放碑的钟——不摆了。"说的就是解放碑的一段故事。

抗战胜利纪功碑修建好以后，时任重庆市市长张笃伦希望碑顶四个立面最好都能具有报时的功能，就找到天主教重庆教区，希望教区能捐赠四个大钟。当时的天主教堂真元堂在轰炸中被炸毁，但教堂的时钟被保留了下来。经过协调，真元堂将时钟捐出，安放在抗战胜利纪功碑碑顶。

钟有了，钟的动力又从哪里来呢？真元堂捐赠的大钟是机械钟，必须每天上发条才能正常运转，"调钟人"应运而生。每天早上，调钟人准时进入碑体内部，拉起一段重约一百公斤的粗麻绳（麻绳下挂着铁砣），将它搭上位于塔顶大钟背后的机械位置。调一个大钟需要花费半小时时间，四个大钟总共要花费两个多小时。

为了给四个大钟校准时间，当时的路灯管理所专门给调钟人配了一只进口自动表，表的时间指向多少，大钟的时间就调校为多少。尽管如此辛苦地校准，却终难免出现四个钟报时不一的情况，甚至偶尔还会有停摆的时候。这种情况直到20世纪80年代，由石英钟替代了机械钟后才完全规避。

1950年，重庆召开了解放后第一次各界人民代表会议。人民代表在会上提出，应更改一些旧中国的街道、建筑名，并最终形成了提案，上报市政府。

1950年9月18日，时任重庆市市长陈锡联、副市长曹获秋向西南军政委员会提请将"抗战胜利纪功碑"更名为"西南解放纪念碑"或"重庆解放纪念碑"。经西南军政委员会核准，在当年的国庆日，抗战胜利纪功碑正式改名为"人民解放纪念碑"。

人民解放纪念碑由时任西南军政委员会主席刘伯承题字。如果仔细观察会发现，在今天碑身上刘伯承的题字里那个"碑"字少了一撇。这可不是刘伯承写了错别字，要知道刘伯承从小接受私塾教育，对中国书法知之甚深。在中国书法中，"碑"字是可以用"少一撇"的写法的，颜真卿的《多宝塔碑》《颜勤礼碑》、柳公权的《玄秘塔碑》、西安碑林的"碑"字都是如此。

2000年9月，人民解放纪念碑被列为重庆市直辖后第一批市级文物保护单位；2013年5月，人民解放纪念碑被国务院列为第七批全国重点文物保护单位；2016年9月，人民解放纪念碑入选首批中国20世纪建筑遗产名录。直到今天，"人民解放纪念碑"几个大字仍在碑身上熠熠生辉，碑下游人如织，这里成为游览重庆的必到打卡点之一。

◆ 宋庆龄旧居暨保卫中国同盟总部旧址

在渝中区两路口新村5号，有一幢造型别致的淡黄色德式小洋楼。1942年至1945年，这里是宋庆龄生活、工作的居所，也是由宋庆龄一手创办的保卫中国同盟总部所在地。

进入旧居大门就是小楼的花园，花园里立有宋庆龄的白色塑像。一楼的两个大房间是带有壁炉的起居室与接待厅，当年国际友人和党政要员常于此聚会交流。另有两个较小的房间，一间是保卫中国同盟总部办公室，一间是警卫室。小院二楼是宋庆龄的卧室、办公室、会客室，以及盥洗室和琴房，房间内陈设简朴，干净整洁。

抗战时期,宋庆龄曾两次到重庆。第一次到重庆是在1940年3月。应小妹宋美龄之邀,宋庆龄与大姐宋霭龄自香港飞抵重庆。整个重庆城因她的到来而轰动,国民政府给予她高规格的接待,社会各界也对她的到来表示热忱欢迎。

事实上自1927年后,宋氏三姐妹由于政治立场不同,便鲜有接触,就连宋美龄与蒋介石的结婚典礼,宋庆龄为表明立场也拒不出席。宋庆龄一直游离于国民党政权核心和家族圈子之外,宋氏三姐妹更少见于共同出席公共场合的活动。

宋庆龄这次之所以愿意与宋氏姐妹一起在重庆高调亮相,归根结底还是因为抗战的局势需要。时值中国抗日战争进入战略相持阶段,日本扶持汪精卫拼凑出"汪伪政府",公然宣称对身在重

◆ 宋庆龄旧居暨保卫中国同盟总部旧址
彭镛 摄

庆的国民政府主席林森"虚席以待"，企图分化诱降国民党。

为粉碎日本和汪伪集团的政治阴谋，宋庆龄在汪伪政府成立两天后，欣然接受宋美龄之邀高调赴渝，用"造成一个真实的家庭团圆"的行动来公开表达宋氏姐妹捐弃前嫌、团结抗战的共同意志。

宋庆龄抵达重庆后即刻发表讲话，重申孙中山遗志，痛斥汪逆"不知羞耻，投靠敌人，妄组伪府"的汉奸行径，激励国民"吾人首当坚定信念，然后能精诚团结，共救危亡"。

随后在短短的四十天内，宋庆龄与姐妹一起到市郊巡视日机轰炸的残迹、防空设施，视察工厂、学校、医院、保育院，慰问伤病员和难童。她不停地外出视察、接见妇女代表、撰写文章和信件，一言一行都充满了对祖国命运、妇女和儿童的关切之情。国内外媒体纷纷赞誉："孙夫人此次到重庆，无论有无任务或任务大小，都是团结一致的有力象征。"

宋庆龄此行向外界表明，就算汪精卫卖国投敌，但宋氏三姐妹及国民政府仍能团结一致，誓要带领民众将抗战坚持到底。而宋庆龄当然也不会对国民党掉以轻心，时时防备"国民党试图把她留在重庆并用恭维谄媚的方法使她不再说话"。

5月初，宋庆龄与宋霭龄一同乘机飞往香港。不久后她在香港发表《渝行观感——自返港后对中外记者的谈话》，深深感叹重庆"最大多数之人民，对抗战信念甚为坚定"，一针见血地指出"日寇汪逆宣传国内分裂在即，只能说是他们的梦想"。

如果说宋庆龄第一次到重庆是顾全大局，那么宋庆龄第二次前往重庆，则是为了中国人民的抗战大计。

1941年12月，宋庆龄第二次抵达重庆。此时的香港已经处于沦陷的前夜，宋庆龄清楚地知道自己早已上了日本人的"黑名单"，在撤离香港之前，她还不忘向《南华早报》香港英文版的记者口述了一份声明。在声明中，宋庆龄满怀愤怒地控诉了日军的侵略与大屠杀，呼吁全世界人民团结起来，与法西斯斗争到底，直到赢得全面胜利。她还表示，无论发生什么情况，保卫中国同盟的工作"一定要继续下去"。

1938年，宋庆龄邀请在港著名人士发起筹组保卫中国同盟（简称"保盟"）。同年6月，保卫中国同盟在香港宋庆龄的寓所正式成立。保盟成立的目标，一是在现阶段抗日战争中，鼓励全世界所有爱好和平民主的人士进一步努力以医药、救济物资供应中国；二是集中精力，密切配合，以加强此种努力所获得的效果。

因为香港沦陷，宋庆龄只能将保盟的工作阵地转移到重庆。初到重庆的宋庆龄没有固定居所，借居在大姐宋霭龄的居所范庄中。可宋庆龄与宋霭龄持有截然不同的政治立场，长期住在范庄有诸多不便，电话容易被窃听，也不方便见客，保盟的工作没有人手，甚至连范庄中的佣人也开始对宋庆龄进行监视。

宋庆龄的困境很受中共中央南方局的重视，周恩来在发给延安的电文《关于对反共高潮的估计》中就曾提及："孙夫人住孔家不仅不能见客，连其住屋内都借口房子不够有人同住监视，每每群众集会，故意推夫人为主席团，但却不通知本人，企图使群众失望。"

宋庆龄迫切需要寻找一处可以久居的私人住所。经过宋子文的努力，终于在几个月后为宋庆龄争取到外交部租用的一处新建楼房，也就是今天的渝中区两路口新村5号。宋庆龄感言，总算有了"一楼之中的自由"。从此，这座环境优美的德式小楼就成为了宋庆龄日常生活、会客之处，也成为了保盟的实际办公地。

然而在重庆这个国统区，保盟开展工作是非常困难的，常常会遇到国民党方面的重重阻力，在保盟办事处、宋庆龄住所附近，国民党就常年设有特务和暗哨监视。但宋庆龄运用她在国际上的崇高声誉，毫不退缩地冲破国民党的种种封锁，不断写信与国外联系，报告中国人民抗战的真实情况，争取国际援助。

宋庆龄在重庆主持保盟工作三年，通过国际援助积极组织募捐，赈济难民、伤兵和儿童，还把大量资金、药品、医疗器械、食品和其他救援物资通过种种渠道，源源不断地运往中共领导下的抗日根据地。同时，还积极介绍和输送外国医生到抗日根据地工作，为支援中国人民抗战作出了卓越贡献。

抗战胜利后，毛泽东、周恩来在重庆参加谈判，专程会见了宋庆龄。毛泽东热诚赞誉她忠诚不渝，信守孙中山先生的三大政策，对她为中国人民抗战事业作出的无私奉献表达了衷心感谢，对她不计个人安危，献身国家民族的高贵革命气节表示了由衷敬意。

今天的两路口宋庆龄旧居，是城市高楼之中的一处僻静清幽之地。在旧居二楼的琴房里，运用全息投影技术还原了一段宋庆龄弹琴的影像。宋庆龄坐在琴房里，轻扬手臂奏出一串悠扬的音符，诉说着那段特殊的岁月里回肠荡气的家国故事。

◆ 特园中国民主党派历史陈列馆

　　特园中国民主党派历史陈列馆位于重庆市渝中区上清寺嘉陵桥东村35号，是经中共中央统战部批准，依托特园旧址修建的全国唯一一个全面反映中国共产党领导的多党合作和政治协商制度发展光辉历程、中国民主党派光荣历史的国家一级博物馆，于2011年3月正式对外开放，担负着开展传统教育、传承红色基因、弘扬统战文化、服务统战大局的任务。

　　特园原为著名爱国民主人士鲜英的公馆。抗战时期，这里成为中共及各民主党派活动的重要场所，是中共中央南方局贯彻抗

◆ 特园中国民主党派历史陈列馆
　　彭镛 摄

日民族统一战线政策的历史见证地，也是中国共产党领导的多党合作和政治协商制度探索、实践的历史见证地。

鲜英，四川西充人，曾是张澜的学生，后任川军要职，担任过重庆铜元局（即铸币厂）局长、南充和绵阳地区行政专员等职，经历横跨军、政、商三界。鲜英字特生，所居宅院故名"特园"。

1938年，周恩来向张澜表示，中共将在西南地区开展活动，但缺乏一个据点。张澜回到重庆后，便与鲜英商量此事。当时重庆虽设有八路军办事处，但一般人不敢去，怕遭国民党迫害。鲜英是四川有地位有名望的士绅，又是已退休的军政人员，若在特园开展活动，较无安全顾虑。

1938年底，周恩来、董必武等到重庆后，便面晤鲜英表达希望借特园做联络活动场所之意。鲜英回答："特生久有报国之志，今天周先生、董先生如此推心置腹，为共赴国难，我一是愿意，二是不怕。"

正是这句"愿意，不怕"，让特园成为中共中央南方局和八路军驻重庆办事处开展抗日民族统一战线活动的重要场所和秘密基地。

当时的特园，几乎每天都是贵客盈门、胜友如云的场景。到访的爱国人士有黄炎培、沈钧儒、史良、李公朴、郭沫若、陶行知、柳亚子等，以及国民党爱国将领冯玉祥、张治中等。

在特园旧址的入口处，矗立着一块汉白玉材质的石碑。碑体为三块三角形石材，由小到大重叠。分别刻有"民族、民权、民生"六个大字，以及孙中山先生亲笔题词："世界潮流，浩浩荡荡。顺之则昌，逆之则亡。"

这块石碑，就是三民主义同志联合会成立纪念碑。

抗战相持阶段，不少国民党上层人士对蒋介石的反共、投降政策已有深刻认识，他们支持中共倡导的抗战、团结、进步的方针，却没有团结形成更大力量，影响有限。

1943年2月，在中共中央南方局的支持下，谭平山、王昆仑、陈铭枢等打破禁忌，组织了民主同志座谈会。两年后的1945年，三民主义同志联合会在重庆特园举行第一次全体大会，宣告成立。1949年，民革、民联、民促及其他国民党爱国民主人士举行了第二次国民党民主派代表会议，统一成为一个组织，仍称为中国国民党革命委员会。

除了三民主义同志联合会，特园还见证了民盟的诞生。

1941年1月皖南事变发生后，国共关系十分紧张，内战一触即发。1941年3月19日，黄炎培、梁漱溟、左舜生、张君劢等一些中间党派负责人，决定在统一建国同志会的基础上，联合"三党三派"及其他社会贤达成立中国民主政团同盟。

1944年9月，中国民主政团同盟在特园召开全国代表大会，对中国民主政团同盟进行改组，改名为中国民主同盟。

民盟的成立，加强了中间党派之间的联系，加强了民主力量的团结，成为中国共产党在抗日战争时期坚持抗战、民主团结的最可靠朋友。

毛泽东在重庆谈判期间，曾三顾特园，与民盟主席张澜等民主人士会见，共商国是，结下了肝胆相照、风雨同舟的深厚情谊，传为历史佳话。特别是毛泽东在特园曾说："今天，我们聚会在'民主之家'，今后，我们共同努力，生活在民主之国。"在历史发展的十字路口，这句话让当时的人们看到了希望。1949年9月，民盟代表出席中国人民政治协商会议第一届全体会议，参加了中华人民共和国的筹建工作。

2008年5月，依特园康庄旧居遗址建立了特园中国民主党派历史陈列馆。2011年3月，扩建后的中国民主党派历史陈列馆正式对外开放。

扩建后陈列馆建筑面积1.2万余平方米，内有四层展厅，由序厅、中国国民党革命委员会、中国民主同盟、中国民主建国会、中国民主促进会、中国农工民主党、中国致公党、九三学社、台湾民主自治同盟、中国无党派人士、全国工商联和特园旧址复原陈列等12个展区组成，展出历史图片3000余幅、珍贵文物史料2500余件，多媒体系统馆藏资料500余万字，国家一级文物27件。其中，有"镇馆之宝"——《参政员毛泽东在渝市之动态》、冯玉祥题写的"民主之家"匾额、《范朴斋日记》手稿、胡厥文家属捐赠的《无斅诗文手稿》等，还有鲜英的后代捐赠的珍贵文物原件80多件。运用三维全息装置、人机对话、多媒体信息墙等20余种展示手段，穿插栩栩如生的场景、油画、雕塑等艺术作品，使展览具有信息量大、陈列形式多样的特点，有较高的艺术性、观赏性。

中国民主党派历史陈列馆是全国统战系统唯一的国家一级博物馆，第一个以中国民主党派历史为主题的陈列，第一个中国统一战线传统教育基地。从2011年开馆，至2021年底，它接待观众500余万人次，充分发挥了宣传、教育、培训、研究的综合功能作用。

◆ 重庆市劳动人民文化宫

  重庆市劳动人民文化宫坐落在两路口中山二路到学田湾之间的小山坡上，这里曾是重庆第一师范学校的前身——官立川东师范学堂旧址。从晚清时期的巴渝名校到现代市民的重要文娱场所，重庆市劳动人民文化宫的故事源远流长。

  腐朽的清政府闭关锁国，在鸦片战争、甲午战争中连连惨败，在空前严重的民族危机下，以康有为、梁启超为代表的资产阶级维新派鼓吹实业救国、教育救国，以实现救亡图存的理想。然而中国数千年来遵从儒学经典，缺乏办新学堂的师资力量，新学之风盛起，学生众多，教师却奇缺。

  1906年，由川东道尹张铎倡议，呈请朝廷批准，士绅杜成章等人赞助，创办了重庆第一所正式的师范学堂——官立川东师范学堂，校址定在杂粮市（即今较场口附近），学堂监督（即校长）为铜梁人杨霖。学堂实行公费招生，生源由川东道所辖36县选送。第一年只招收简易师范科，学制一年。

  从1907年起，学堂开始招收五年制师范本科，并实行文理分科制度。甲班为理科，学生六十余人；乙班为文科，学生五十余人。后因生源充足，又补招五十余名学生，编为丙班。全校共招生一百七十余人。这一批学生要到五年后才毕业，对于重庆日渐盛行的新学之风来说，显然是远水解不了近渴。

  1910年，四川提学司认为："川东一道在蜀中地面最为辽阔，户口最殷繁，区区三班学生一百七十余人恐求过于供，无以餍士夫之望。"要求川东师范学堂每年招生，推广班级之法，"庶年有卒业之学生，而各属亦渐免师资缺乏之虞"。

川东师范学堂于是按照要求扩大招生规模。时值军阀混战，位于较场口的川东师范学堂常被军队挤占，不得不多次搬迁。学校先后迁往观音梁船帮公所、巴县文庙、曾家岩巴县农中校及龙泉观，经常是好不容易安顿下来，又接到通知要搬迁，师生们不胜其烦。

1930年，校长甘绩镛为避免多次搬迁的麻烦，提出将旧校址出卖，另觅地皮建新校，得到校董会同意。随后，川东师范学堂便在石马岗（今文化宫一带）购买土地营建新校舍，并于当年年末迁入。当年的石马岗是一片农田，几乎没有房舍人家，漫山遍野种着苞谷。

1951年2月，因规划修建文化宫，川东师范学堂迁往歌乐山，与市立师范学校合并成立重庆第一师范学校。1954年重庆第一师范学校又与重庆女子师范学校合并，迁到北碚团山堡。2003年，重庆第一师范学校并入重庆师范大学。

新中国成立之初，重庆的市政建设百废待兴，偌大一个重庆城，连个供市民集会休闲娱乐的场所都没有。1950年，中共中央西南局领导人邓小平、刘伯承、贺龙对整个重庆的市政建设进行了目光长远的规划，拟定了在重庆建设西南军政委员会大礼堂的同时，修建劳动人民文化宫、西南博物院、大田湾体育场和体育馆、重庆市体育局办公楼等公共设施的计划。

在西南军政委员会的一次会议上，邓小平正式提议修建重庆市劳动人民文化宫。他说："重庆是工业城市，有着庞大的工人阶

◆ 重庆市劳动人民文化宫
　　彭镛　摄

级队伍，应该有一座具有一定规模和文化设施齐备、环境优美的文化宫，来满足广大劳动人民的文化生活需要。"

为修建文化宫，重庆市政府在财力紧张的情况下拨出130万元，从全市抽调了两千多名工程技术人员参加建设。1951年7月1日，重庆市劳动人民文化宫正式奠基开工，仅花了一年的时间就建成竣工，是同时期修建的重庆市人民大礼堂、大田湾体育场（体育馆）等工程中最先竣工的一项。

邓小平十分关心文化宫的修建，在选址、设计、施工等各个环节上都细致过问，并数次亲临现场视察。1952年的五一节，邓小平又一次视察工地，陪同的曹荻秋市长请他为文化宫题写宫名，邓小平愉快地答应了。为了写出一幅满意的题字，邓小平一有时间就反复书写宫名，总共写了36个字，从中挑选出自己最满意的10个字——"重庆市劳动人民文化宫"。修建委员会将其镌刻在大门顶端，至今犹存。

重庆市劳动人民文化宫是集文化娱乐、休闲、职工文化培训功能于一体的重要活动场所。文化宫电影院和文化广场更是全市性集会和节日期间举行大规模活动的重要场地之一。20世纪50年代到80年代，文化宫见证了众多重庆家庭的欢乐时光，承载了许多老重庆人的记忆。从各种演出到各种技能大赛，从露天电影到灯光球场，从露天泳池到各类花展，文化宫举行的职工文化娱乐活动丰富多彩。直到现在，附近的老街坊仍然会到文化宫去游园、下棋、散步。

◆ 重庆市人民大礼堂

重庆市人民大礼堂位于渝中区人民路，坐落于马鞍山上，与重庆市政府办公区隔街相望，其间为人民广场，是重庆市重要公共集会和演出活动的场所。

重庆市人民大礼堂于1951年9月动工兴建，1954年1月竣工建成。总建筑面积为18500平方米，建筑高65米，共可容纳4200余人，后经改建，观众席改为3280座。重庆市人民大礼堂是一座具有鲜明传统风格和强烈时代特征的大型建筑群，被誉为中国传统建筑形式与西方先进结构技术完美结合的杰作。

重庆市人民大礼堂的故事，要从它修建的时代背景说起。

重庆于1949年11月30日解放。次年7月，重庆成为西南行政区的首府，西南军政委员会正式成立，它代表着重庆从此成为大西南的政治、经济和文化中心。

然而重庆的市政建设却百废待兴。由于西南军阀连年混战、鱼肉百姓，根本谈不上对重庆进行市政建设。民国时期的军政大员之间流传着一个说法——"官不修衙"，因为花大钱刚修好"衙门"，说不准第二天就会被另一个军阀占领。

而国民政府迁都重庆近十年，只留下了无数别墅豪宅，因为在当时国民党人看来，无论政局如何变迁，豪宅始终都是自己的。在重庆，有蒋介石下榻过的"云岫楼"、马歇尔居住过的"草亭"，还有宋子文、张群、杨森、范石生等人的豪华官邸。但当时的重庆，连一处像样的供人民群众集会、活动的公共场所都没有，更别说供人民参与政事的会堂了。

1950年2月，贺龙从成都迁往重庆办公，他在视察重庆之后说道："重庆有220万人口，有那么多的党政机关、群众团体、工厂和学校，没有一座像样的集会场所怎么行？"于是中共中央西南局拟定了在重庆建设西南军政委员会大礼堂、劳动人民文化宫、西南博物院、大田湾体育场和体育馆、重庆市体育局办公楼等公共设施的计划，为重庆劳动人民集会、运动、娱乐提供场所。

随后西南军政委员会拨款新人民币两百万元，在马鞍山与蒲草田征用近九十亩荒地，开始了大礼堂的建设，并同时附设了一个招待所，用以满足当时接待外宾或过往干部的客观需要。

◆ 重庆市人民大礼堂
彭镛 摄

对于大礼堂的设计构思，中共中央西南局领导人邓小平、刘伯承、贺龙也提出了要求："要搞就搞有气派的，既能体现民族风格，又要具备现代化的标准，质量要好，不但具备集会的功能，还要具备展览、接待的功能，几十年后也不失其风采。"贺龙还提出，外观设计要将北京天坛、南京中山陵和广州中山纪念堂的特点"三合一"，这个设想得到了刘伯承和邓小平的一致认同。

于是西南军政委员会办公厅要求各设计单位都拿出设计方案，从中精选出五个供最后审定。当时西南地区的著名建筑师如樊文玉、夏冬海、徐尚志、唐璞等都参加了方案征集活动，在国营西南建筑公司设计部工作的聋人设计师张家德也参加了方案征集。

很快到了方案初选的日子，所有参加评选的方案都挂在重庆市建设局的展厅墙上。当张家德绘制的立面效果图挂出来时，现场立即轰动了起来。效果图上的大礼堂气势恢宏，让人眼前一亮。图中的大礼堂主体建筑采用明清时代通行的中轴线对称风格，参照广州中山堂的外观，将天坛祈年殿和天安门城楼的风格结合，再配以柱廊式的左右两翼，外部仿照南京中山陵以蓝绿色琉璃瓦做屋顶，朱红柱廊、白色栏杆，整个建筑雄伟气派，独具一格。

在一片赞叹声中，有人说道："这幅图作为效果图是很好，但实施起来几乎没有可能。"的确，张家德对大礼堂的设计中遍布技术难关。在他的设计中，将大礼堂的屋顶设计为钢网壳式屋架的半球形，直径46米，重280吨，由无数经杆、线杆和铆钉连接组成，底部还设有能适应热胀冷缩的轴承装置，这是一项在中国还没有被运用过的先进工程结构。

但这个方案最终征服了三位开国元勋，据张家德夫人的日记记载，贺龙看到方案后评价说："庄严宏伟大气！"邓小平说："这是一个难得的好方案，又是民族形式的，建成效果一定很好！"刘伯承则贴心地通过手写表达了对这位聋人建筑师的谢意："感谢你构思出来的大礼堂，既庄重宏伟，又有磅礴的气势，一种可以雄踞百年的气势，这正是我们想要的大礼堂。"

1952年，大礼堂项目正式立项、动工，冠名为"西南军政委员会大礼堂"。当年为了节省资金，整个项目没有外包施工单位，工程指挥班子只有西南军政委员会工程处的四十余人，张家德这位总工程师只能从重庆大学临时要来几个优秀学生组建团队。项目建设需要挖山填土，就调来工兵部队，带着二十多台推土机、空压机和十多吨炸药，很快就推平了山头。施工人员不足，就从专业队伍抽调了一百多名技术骨干，其余人员一边培训一边上岗。当时广大市民和机关干部对修建大礼堂十分积极，都踊跃参加义务劳动，施工高潮时工地上有一千七百多人，干得热火朝天。

1954年4月大礼堂全面竣工。礼堂内大厅四楼一底，有大型舞台一座，共设四千余个座席，成为了中共中央西南局、西南行政委员会和重庆市众多大型集会、活动举办的主要场所，至今仍发挥着重要作用，并成为重庆著名的人文景观。

拔地而起的大礼堂雄伟又壮观，凡是来参观过的人都忍不住连声称赞。到西南支援经济建设的外国专家曾感慨地说："中国人自己在20世纪50年代就设计出这样的大楼，了不起！"印度总理尼赫鲁仅仅看了大礼堂的影像资料，便通过外交部要了一份建筑图纸，计划着在印度照样修建一座。

1954年西南大区撤销后，1955年，西南军政委员会大会堂更名为重庆市人民大礼堂。建筑界泰斗梁思成先生参观后评价："重庆市人民大礼堂是1950年代中国民族建筑形式具有划时代里程碑意义的代表作品。"这个评价十分中肯，就算在时隔多年后的今天，重庆市人民大礼堂也是重庆不可超越的地标建筑。

1987年，重庆市人民大礼堂在由英国皇家建筑学会和剑桥大学主编的《弗莱彻建筑史》收录的新中国43项建筑中名列第二。2009年，重庆市人民大礼堂荣获中国建筑创作最高奖——"中国建筑学会建国60周年创作大奖（含改扩建）"。2016年，重庆人民大礼堂入选"首批中国20世纪建筑遗产名录"，成为西南大区的形象徽识和山城重庆的永久标志。

大渡口区

◆ 兵工署第二十一兵工厂火工所旧址

兵工署第二十一兵工厂火工所旧址位于大渡口区跳磴镇红胜村境内，在长江北岸白沙沱码头和跳磴镇西小路与红小路之间的金剑山脚下。

金剑山、铜罐驿、跳磴这几个地方是紧挨着的。铜罐驿以前是重庆四大水驿之一，繁盛一时。金剑山脚下是长江猫儿峡，猫儿峡江水浩浩荡荡，风景旖旎，吸引了古今文人墨客在此会集。猫儿峡长江北岸上有一座王爷庙，庙中供奉镇江王爷，舟楫往来，必进庙祈祷而后行，以求庇佑。

据传北宋嘉祐四年（1059），苏轼、苏辙随父苏洵自四川眉山顺江而下赴汴京途中，于此停舟上岸祭拜时，苏轼手书"岷江一束"四个大字，后被王爷庙的僧人刻于崖壁之上。由于年代久远，风化剥蚀严重，现仅存"岷江"二字。金剑山上则至今保留着清代书法家龚晴皋题写的石刻"云木出秀"。

在金剑山对面的鱼洞还有一家著名的军工企业——重庆大江

厂。而长江中的中坝岛在抗战时曾建有备用机场，今天又成了重庆铁马工业集团有限公司的坦克装甲试验场。

金剑山脚下的兵工署第二十一兵工厂火工所原为"军政部兵工署废品整理工厂"，建于1941年8月，最初的主要业务为一般军用械弹的废品整理，也就是处理那些不合格的炸药、武器。据说当年，居住在附近的居民经常会听见工厂内传来处理废弹的爆炸声。

兵工署第二十一兵工厂的前身是金陵机器制造局，清同治四年（1865）由李鸿章创办于南京聚宝门（今中华门）外扫帚巷东首西天寺的废墟上。金陵机器制造局制造出中国第一门带车轮可移动的架退克鲁森式膛炮，声名远扬。后通过扩建分厂以及接收其他兵工厂等措施，最终形成了16个生产单位，生产19个军工品种，成为当时全国最大的兵工厂。1929年6月，改隶兵工署直辖，金陵机器制造局改称为金陵兵工厂。

抗日战争期间，金陵兵工厂迁往重庆江北区簸箕镇，并更名为"兵工署第二十一兵工厂"，也是长安厂的前身之一。因日军飞机轰炸频繁，第二十一兵工厂的三个车间被迫迁到了铜罐驿隧道及其附近的山洞中，与金剑山下的军政部兵工署废品整理工厂无意中连成了一片。

铜罐驿隧道从东向西被天然分为两段，长的一段隧道成为轻机枪组装车间，短的隧道则成为了迫击炮组装车间。而附近的月亮洞由于空间大、温度变化小，非常适合安装精密仪器，自然而然就成为了兵工厂的工具车间。

据有关资料记载，抗战期间，兵工署第二十一兵工厂生产的武器弹药约占全国兵工厂生产的武器弹药总产量的60%，单是步枪，每个月的产量即可装备一个师，为正面战场坚持抗战、夺取最终胜利作出了巨大贡献。

1945年4月，军政部兵工署废品整理工厂被兵工署第二十一兵工厂接管，开始生产木柄手榴弹、信号弹、雷管、引信、炸药等，并更名为"兵工署第二十一兵工厂火工所"。

1950年6月，修建成渝铁路时，兵工署第二十一兵工厂火工所的建筑被改建为成渝铁路渝赶段沿线筑路工人宿舍、重庆西工务段中梁山第一养路工区宿舍。20世纪80年代在此修建过红胜影剧院。

2019年，兵工署第二十一兵工厂火工所旧址被公布为第三批重庆市级文物保护单位。

◆ 兵工署第二十一兵工厂火工所旧址
　　大渡口区融媒体中心　供图

目前旧址上遗存有军械仓库、车间、办公室、礼堂、红胜影剧院等建筑，现在除了电影院还有人使用外，其余的建筑都已然荒废。这些砖瓦结构的房子，虽然破旧，却依然看得出旧时风貌。在一片密林深处，可以看到一座房子正面立着一块牌子，上面写着"兵工署废品整理工厂旧址"和"大渡口区不可移动文物"。门前挂着的两块牌子写的是"重庆西工务段中一养路工区"和"重庆西工务段中梁山……"由于时间的洗淘，部分文字已经无法辨认。

由于荒废已久，这些建筑已经被茂密的树木和藤蔓包围，颇有点类似宫崎骏动画中的场景。厚厚的青苔下面，不知道有多少故事隐藏其间。这些建筑对研究抗战时期历史乃至近代历史有着重要意义。

青山依旧，江水滔滔，那段历史渐渐消失于人们的记忆中，看着"大渡口区不可移动文物"牌子，那段尘封已久的记忆会在某个时刻清晰起来。

◆ 重钢护厂烈士陵园

重钢护厂烈士陵园始建于1953年，由重钢烈士墓、纪念碑以及两座石墓组成，整座陵园占地面积约为465平方米。烈士墓通长12米，进深2米，竖立有19块黑色大理石墓碑，碑上各刻有19名烈士的姓名及肖像。烈士墓上方现存张连科石墓和邓弼成石墓。烈士墓前3米处建纪念碑一座，碑体通高4.86米，四壁以石材贴面，东、南、北三面碑身镌刻"死难烈士永垂不朽"八个大字。

重钢护厂烈士陵园是为纪念重钢1946年"三二三"惨案中钢铁工人为"争自由，争温饱"光荣牺牲的一位烈士和1949年"一一·三〇"护厂斗争中不幸牺牲的十八位烈士而修建的。

1946年3月23日，由于物价飞涨，工人工资维持基本生活都成问题，重钢集团的前身——重庆钢铁厂——爆发了"争自由，争温饱"的大罢工。工人和资方在工资增加幅度上产生分歧。当时有传闻说兵工署决定增加员工100%的工资，而人事课课长孙一鲲只令增加20%，所以不少愤怒的工人汇集在香涛院要求厂方给予答复。厂方一面拖延，一面积极准备武装镇压。22日午夜12时资方突然实行全厂戒严，并逮捕工人代表项东山等七人。全厂工人、眷属爆发大游行。游行工人遭稽查特务开枪镇压，当场打死工人谢汉生，致八人重伤、多人轻伤，酿成震惊山城的"三二三"惨案。

1949年春，随着"三大战役"不断胜利，人民解放军势如破竹，国民党则垂死挣扎。国民党一方面动用特务对工厂进行破坏，另一方面解雇、遣散职工，引得人心浮动。对此，川东特委提出：把工作重心从农村转移到城市，开展护厂、护校、护城和保护国家财产的斗争。

1949年9月，根据上级指示，兵工署第二十九兵工厂（1949年3月，钢铁厂迁建委员会更名为军政部兵工署第二十九兵工厂，即重庆钢铁厂的前身，以下简称二十九厂）专门成立了护厂领导

◆ 重钢护厂烈士陵园
　杨旺霖　摄

小组。领导小组成员之一、中共党组织成员、助理工程师刘家彝联络中上层职员请愿，迫使厂方成立"护厂应变委员会"，工人们用钢钎、铁棒等为武器，自发开展护厂活动。

工厂第一发电所的工人也组织起了护厂巡逻队，由张金山、张国良、李光霁、柳传等人组织巡逻。第一发电所工程师简国治则组织黎勋文等人在交流电厂周围架设电网来保证电厂安全。

国民党特务未曾料到二十九厂工人护厂如此坚决，连厂门都进不去。国民党特务在1949年9月26日深夜，将积极宣传护厂的中国民主同盟大渡口区队队长、火砖部司磅工人胥良等人逮捕，并在28日凌晨将其杀害于厂区附近的双山。

11月底，人民解放军兵临重庆，国民党反动派于恐慌中作出了炸毁重庆工厂和城市的行动计划。国民政府行政院院长阎锡山下令立即执行破坏计划，并将二十九厂列为重点目标。国民党当局将二十九厂厂警撤出，换上执行破坏计划的国民政府内政部第二警察总队（简称"内二警"）。

11月29日，内二警将工人分批押送出厂后，实行全厂戒严。下午5点，内二警在技术爆破队的指挥下，运来数十吨TNT烈性炸药，分别安放在发电厂和百吨高炉等要害部位，并接上雷管。午夜，从南温泉方向传来了解放军的炮声，国民党仓皇逃走，二十九厂的"内二警"也撤走了，但他们撤走之前启动了炸药定时开关。

1949年11月30日黎明，大雾笼罩，此时职工和家属大多躲在防空洞内，而刘家彝、简国治不顾个人安危，组织了二十多名护厂工友进入发电厂撤运炸药。他们排成队，争分夺秒地把一箱箱炸药传运到距离厂房较远的空地上，而简国治等技术人员则在炸药堆里寻找引爆器。8点左右，炸药搬到三分之一时，突然一声巨响，定时装置引爆了炸药。顿时，钢筋水泥筑成的厂房和两座1500瓦的发电机、百门电话机、工具房等被炸毁，成为废墟，冒着生命危险抢运炸药的刘家彝、简国治、古传贤、黎勋文等十七人壮烈牺牲。

重庆解放后，二十九厂职工怀着崇敬的心情，将刘家彝、简国治等护厂烈士的英名镌刻在高大的墓碑上，以资纪念。因护厂牺牲的十七位烈士加上11月28日因策动工人护厂而被枪杀的烈士胥良，后人称他们为"护厂十八勇士"。

重钢护厂烈士陵园内的两座石墓，左边的石墓中长眠着重钢早期的创始人张连科。全民族抗战爆发后他曾负责将汉阳铁厂、上海炼钢厂等处的机器设备拆迁至重庆大渡口建厂。1945年，因辛劳成疾，张连科仅49岁就病逝在工作岗位上。

右边的石墓中长眠着重钢的另一位老领导邓彌成。他是一位老红军，曾任红四方面军司令部侦察参谋，后任重钢副经理，领导重钢从艰难走向繁荣。

1950年2月，经重庆市人民政府批准，护厂斗争中牺牲的党组织成员刘家彝，爱国志士简国治，民盟盟员胥良、古传贤、黎勋文、曹仲良、应文宇、田玉清、陈建铭、任安炳、董定盛、柳传、王昌、张国梁、张金山、吕治平、罗万忠、王吉之以及"三二三"惨案中死难的谢汉生被追认为烈士。

2011年，重钢护厂烈士陵园被评为大渡口区级文物保护单位，2021年11月公布为重庆市革命文物，2022年7月29日被评为重庆市文物保护单位（革命文物类）。

松柏青青，鲜花满园，昨天的惨烈战斗、鲜血和生命，换来今天的幸福生活。每年清明节来临之际，就会有人前来真诚瞻仰、缅怀革命先烈、接受人生的洗礼，烈士们是我们最伟大、最可爱的人，怎能不值得我们尊重、敬佩呢？

江北区

◆ "三三一"惨案死难志士群葬墓地

在江北区五里店，有一个由枣红色大理石镶嵌而成的纪念碑巍然矗立在道路旁，碑体上是一个母亲怀抱死去孩子的铜像，这里就是重庆"三三一"惨案死难烈士群葬墓地。

墓地占地两千多平方米，园林布局为一楼一底扇形建筑，由门廊、墓碑、回廊三部分组成。纪念墓碑总高16米。碑体背面刻有时任中央政治局委员、中央军委副主席杨尚昆题写的碑名："重庆'三三一'惨案死难志士群葬墓地"。

大革命时期，国民党蒋介石集团把拉拢四川军阀作为反共反革命的重要手段。蒋介石以国民革命军总司令名义委任四川军阀刘湘、赖心辉、刘成勋、刘文辉为国民革命军第二十一、二十二、二十三、二十四军军长，刘湘加任川康绥抚委员会委员长。在蒋介石的支持下，川军军阀的反共气焰日益嚣张，重庆城内出现了反共、拥蒋的反革命传单标语。蒋介石集团与川军军阀的政治合谋，使四川和重庆的大革命形势急转直下。

1927年3月24日，北伐军攻占南京，群众集会庆祝。英、美帝国主义为支持北洋军阀、阻挠北伐军，以保护侨眷为理由炮轰南京，造成群众两千余人死伤。消息传到重庆，3月28日，中共重庆地委和国民党左派四川省党部决定，由重庆工农商学兵反英大同盟出面发起，于3月31日在打枪坝举行"重庆各界反对英美炮轰南京市民大会"，声讨帝国主义罪行，拥护北伐。

蒋介石派人与四川军阀刘湘勾结，准备对与会群众进行血腥镇压，对共产党员一网打尽。3月29日，刘湘在回水沟公馆召集驻扎在城区附近的几个师长秘密开会，布置镇压行动，会议作出了反革命大屠杀的决定：由第三师师长兼重庆卫戍司令王陵基及第七师师长蓝文彬负责处理会场内的问题，将会场内主要人员逮捕起来，解散大会并严防群众上街游行示威；由唐式遵、潘文华、罗仪三、朱召南等师警戒场外和全市，监视驻扎在重庆的由左派力量掌握的江防部队及二十军驻扎在江北的第三师师长向时俊部，并紧盯驻扎白市驿一带的部队。

1927年3月31日上午，"重庆各界反对英美炮击南京市民大会"在通远门附近的打枪坝召开。中共党团地委的全体成员，国民党四川左派省、市党部的绝大多数成员与工、农、商、学、妇各界群众两万多人到会。9时许，各地工农群众和各校学生队伍开始进入会场。正当大会宣布开始举行之际，场内便衣武装开始发难，亮出手枪、马刀、木棒、铁尺等向手无寸铁的群众展开攻击，在场外的百余武装人员也乘机冲入会场，开枪乱射，会场秩序顿时大乱。

打枪坝本有五处出口，但都被敌人堵断。场内群众欲逃不能，拼命向城墙边跑去，前拥后挤，有被枪击者，有被挤伤挤死者，还有因被追击冒险坠城墙而致死伤者。会场外也有不少遭乱枪射

◆ "三三一"惨案死难志士群葬墓地
江北区五里店街道办事处 供图

击而致死伤者。这次大屠杀从11时起,至14时结束,死者300余人,重伤者700至800人,轻伤者不计其数。

这次集会上,国民党四川左派省党部监察委员、中共党员陈达三被枪杀;国民党重庆市党部执行委员、国民党左派人士、著名经济学家漆南薰遇难。这就是"三三一"惨案。

惨案发生后,共产党员杨闇公决定到武汉向中共中央汇报惨案情况,不幸于4月4日凌晨在"亚东"号轮船上被捕,4月6日壮烈牺牲于佛图关。中共重庆地委组织负责人冉钧在众人的极力掩护下,跳城墙脱险。深夜,冉钧毅然决定渡江通知幸存同志转移,并销毁党的秘密文件。有同志劝他迅速转移，免遭敌人毒手，冉钧却坚决表示："达三、树菜都牺牲了，我怎么可以一个人偷着活呢？"冉钧于4月1日在七星岗附近的蜈蚣岭巷被军阀便衣队认出，立即遭到枪杀。

3月31日那天，来自江北区治平中学、江北女校、江北县立中学、文昌宫小学四个学校的进步师生牺牲二十余人，受伤四十余人，死者中有江北女校的13名学生、治平中学的2名男生，他们中年龄最大的17岁，最小的仅10岁。遇难者安葬在五里店曹家坪。他们的名字被刻在碑体背面下方青石底座上。

惨案发生后，四川军阀还派兵封闭国民党各级党部和省农协、市总工会、市妇联会，大肆抓捕共产党人和进步人士。"三三一"惨案的发生，标志着四川和重庆地区大革命运动失败。在白色恐怖笼罩下的重庆、四川的革命组织、中共党团组织被迫转入地下，开始漫长而艰苦的革命斗争。

今天渝中区七星岗通远门附近，"三三一"惨案纪念雕塑耸立在通远门城墙上，纪念雕塑的主体是一只握紧的拳头雕塑，它是七星岗的地标。该雕塑1987年由四川美术学院设计，重庆造船厂制作，为纪念"三三一"惨案60周年而立。

"母老家贫，余不能顾及，有负期许。但一念及大众同胞痛苦，不得不尔。"（冉钧语）多年前，仁人志士正是抱着这样的信念，不怕牺牲，为新中国的建立奉献自己的一生，他们的这种精神在今天的经济建设中仍然散发出激励人心的光芒。

沙坪坝区

◆ 林园

林园是抗日战争时期国民党政府主席林森的官邸，位于歌乐山双河街，修建于1939年，1943年林森因车祸辞世，蒋介石迁居林园。

抗战胜利之际，为了全民族的和平民主团结，毛泽东于1945年8月28日飞抵重庆，与蒋介石国民党当局进行了为期43天的"重庆谈判"。在纷繁复杂的谈判过程中，毛泽东更是六进林园会见蒋介石，与其进行多次正式或非正式的会谈，成为了整个重庆谈判的亮点。

1945年8月28日下午，毛泽东在周恩来、王若飞、张治中、赫尔利（美国驻华大使）等人的陪同下，乘机飞赴重庆，并在重庆机场对中外记者发表了书面讲话。当天晚上8点半，在张治中、邵力子陪同下，毛泽东与周恩来、王若飞从红岩村出发，应邀前往蒋介石沙坪坝林园官邸出席欢迎宴会。这是自国共第二次合作以来，毛、蒋二人的第一次会面。

为表其和谈"诚信",蒋介石对毛泽东示以礼遇,"请其入余之对座也"。对于当日情景,《新华日报》曾报道:毛泽东与蒋介石"相继致词,并几次举杯互祝健康,空气甚为愉快"。毛、蒋在重庆的首次会面,相互叙旧寒暄,没有涉及任何政治性问题。蒋也在刻意营造一种愉快祥和的气氛,使谈判有一个好的开端。

首次会面结束后,应蒋之请,毛泽东夜宿林园二号楼底东屋,王若飞住底层西屋,周恩来则住林园三号楼。据说,这是蒋介石林园官邸建成后第一次留宿外客,国共两党领袖同宿一园,堪称史无前例。

第二天下午,毛泽东与蒋介石首次直接商谈。蒋介石表示:一切问题愿听取中共方面意见,但不能同意中共关于中国有内战的说法。毛泽东则列举十年内战和抗日战争中的大量事实为依据,指出说中国没有内战是自欺欺人。最后蒋介石提出谈判三原则:一、所有问题整个解决;二、一切问题之解决,均须不违背政令军令之统一;三、政府之改组,不得超越现有法统之外。这一次会面不长,约进行了20分钟,仅仅以讨论原则为主。会谈最后也是无果而终。

应蒋介石之请,毛泽东当天仍宿林园。晚上7点,蒋介石亲访毛泽东住处,二人秘谈一小时。

9月2日,日本政府正式签署投降书,中国人民抗日战争取得最后的胜利。上午10点,毛泽东在桂园约见国民党谈判代表王世杰,就国共谈判提出了八项原则性意见。晚上8点半,毛泽东携周恩来、王若飞去林园赴蒋介石晚宴。宴会后,毛泽东与蒋介石就中共领导的军队编组数目和驻地、解放区、政治会议、国民大会等问题进行了单独商谈。

9月12日，毛泽东、周恩来应邀去林园与蒋介石共进午餐，餐后双方就中共军队整编数目等问题继续进行商谈。蒋介石在会谈中表示："赫尔利大使曾有为中共从中请求同意保持二十师之议，此在原则上亦未尝不可考虑；唯必须保证确能接受国民政府之统率权为前提。意盖谓在中华民国境内不应有私人军队，任何党派亦不得保持武力。"

保持一定数量和规模的军队，是中共能够与蒋介石国民党政府相抗衡的关键，所以毛泽东同意蒋介石的说法，表示中共愿意作出让步，由原先的48个师减至28个师。对此，蒋没有明确答复，但根据其日记内容，心中仍为不满。

◆ 林园
　沙坪坝区民政局　供图

9月17日，毛泽东应邀来林园与蒋介石共进午餐，张群、吴国桢、赫尔利作陪。餐后，双方继续商谈，但分歧仍在军队和政权问题。

值得一提的是，9月10日，抗日战争结束之后国共两党发生的首次军事冲突上党战役爆发。这次战役中共一举歼灭入侵的阎锡山所部三万余人，取得了上党战役胜利，给国民党统治集团以很大的震动，大大提升了中共代表团在重庆谈判中的地位，直接配合了谈判斗争。

由于在军队整编数目上未能达成一致意见，国共双方谈判暂时中断，毛泽东与蒋介石自9月17日商谈后，也一直未进行任何会面。直到21天后的10月9日。此时，国共双方在10月5日进行了最后一次谈判，10月8日，双方代表就《会谈纪要》交换了意见并修改定稿，预定10月10日签字。

10月9日这一天，毛泽东同周恩来、王若飞应邀来林园官邸向蒋介石辞行，并与蒋介石夫妇共进午餐。餐后，毛泽东与蒋介石就国共两党合作问题继续进行商谈。蒋介石日记中记载："毛泽东今日来作别，与之谈约一小时，先问其国、共两党合作办法及其意见如何。"毛泽东并未正面回答。可见双方一些原则问题仍没有达成一致。蒋介石仍然提出要中共放弃军队和解放区，但毛泽东表示不能同意。最后国共双方同意将一致的问题确定下来，如和平民主建国等问题，将未达成一致意见的按照各自表述的方式记录。

10月10日，国共双方代表周恩来、王若飞同王世杰、张群、邵力子、张治中在桂园客厅最终签署了《国民政府与中共代表会谈纪要》（史称"双十协定"）。

国共双方代表周恩来、王若飞、王世杰、张群、邵力子、张治中在《国民政府与中共代表会谈纪要》上签字。

签字仪式后，毛泽东下楼，和在场的代表一一握手，表示祝贺。下午4点左右，蒋介石到桂园回访毛泽东，为其送行。两人相谈十余分钟，毛泽东提出晚上住宿林园再详谈，蒋介石当即表示欢迎。随后，毛泽东、周恩来、王若飞同蒋介石乘车赴国民政府礼堂参加双十国庆招待会。根据《大事长篇》记载，当晚9时许，毛果来宿林园，又与谈约半小时。谈话内容主要是围绕政治协商会议和国民大会展开。最后两人约定次日早餐再谈。第二天早上8点，毛泽东与蒋介石共进早餐后，进行了最后一次商谈。蒋介石仍在解放区问题上纠缠不休，"明告其'解放区'问题，政府决不能再有迁就"，决意不肯承认解放区的政权。毛泽东则告诉蒋介石，周恩来、王若飞将在重庆继续商谈。很明显，双方的最后一次会谈很不愉快。

上午9点半，毛泽东在张治中陪同下，乘车到九龙坡机场，陈诚代表蒋介石到机场送行。毛泽东等一行人随后飞往延安。历时43天的重庆谈判就此落下帷幕。

如今的林园，经过多次修缮加固，保存完好。2013年被国务院核定公布为第七批全国重点文物保护单位。

◆ 白公馆看守所

位于重庆歌乐山下的白公馆，曾是四川军阀白驹的别墅，因而得名"白公馆"。当时的四川军阀，名义上接受南京国民政府领导，实际上各自割据，相互混战，横征暴敛。白驹也是巧立名目在川渝一带搜刮民脂民膏，积累了大量财富。他看中了重庆歌乐山的幽静，于是在此修建了别墅。他自己又号称是大诗人白居易的后代，白居易的别号叫"香山居士"，所以白驹就把歌乐山下的这处别墅命名为"香山别墅"。

1938年10月，武汉沦陷。12月，国民政府军事委员会随蒋介石由桂林迁抵重庆，重庆名副其实地成为中国的战时首都。当时国民党军统局需要关押政治犯的秘密监狱，军统头子戴笠看中了此处幽静隐蔽，于是出了30两黄金将白公馆买下。1939年，国民党军统局将此处改建为秘密监狱，用于关押国民党反动派认为案情严重的"政治犯"。

成为军统秘密监狱的白公馆，原来的大门完全关闭，只能从侧面的小门进出。院内墙上写有"进思尽忠，退思补过""正其谊不谋其利，明其道不计其功"等标语。别墅原来的储藏室被改为地牢，原来的防空洞被改造为刑讯洞。

白公馆曾关押过黄显声、周均时、廖承志、宋绮云等著名革命志士。

爱国将领黄显声是东北义勇军的缔造者之一，并且是东北军高级将领中最先接触中国共产党和接受中国共产党的领导的将领之一，于1936年8月秘密加入中国共产党。1938年春，他在准备离开武汉去延安参加抗大的领导工作的前夕，被国民党特务秘密抓捕。他先后被关押在武汉稽查处、湖南益阳、贵州息烽，最后被关押到白公馆看守所。他在白公馆关押时坚持与特务进行斗争。他用报纸上获得的信息，与陈然合作，办起了白公馆版的《挺进报》。他经历了国民党特务的多次审讯，遭受了肉体与精神的双重摧残，但依然宁死不屈。1949年"11·27"大屠杀中，他在白公馆附近的步云桥被枪杀牺牲。

著名教育家、数理学家周均时早年留学德国，曾任国立同济大学校长、国立吴淞商船专科学校（今上海海事大学）校长。抗战胜利后，周均时于1946年参加了民革，在重庆从事推翻国民党反动派独裁政权的斗争。1949年夏天，周均时建立民革川东分会地下组织。由于特务告密，周均时于8月20日被捕，次日转移到白公馆。在狱中，特务软硬兼施对他进行诱降，被他坚决拒绝。"11·27"大屠杀中殉难于松林坡。

无产阶级革命家、党和国家优秀领导人廖承志是民主革命先驱廖仲恺和何香凝的儿子。他于1928年加入中国共产党，并一直从事革命工作。1942年5月，廖承志因被叛徒出卖，在粤北乐昌坪石镇被国民党绑架后入狱，关押在江西马家洲集中营（江西青年留训所）。1945年，军统将把他转移到重庆，先后关押在渣滓洞和白公馆。蒋介石亲自出马找他谈话，劝他退党并跟随自己工作，廖承志断然拒绝。1946年1月，根据国共"双十协定"，廖承志获释。

这里还关押过共产党员宋绮云、徐林侠夫妇以及他们的儿子宋振中（"小萝卜头"）。1928年，在江苏邳县从事革命工作的宋绮云和徐林侠结为革命伴侣。1941年底，宋绮云、徐林侠和他们出生才8个月大的幼子宋振中，在陕西探亲时被捕，关押于贵州息烽集中营。1946年7月，由息烽集中营转押到渣滓洞，后来又被转押到白公馆。宋振中8个月大时就开始住在阴暗、潮湿的牢房里，长期营养不良，导致头大身子很细，被难友们疼爱地称为"小萝卜头"。尽管狱中条件很艰苦，但"小萝卜头"依然坚持在黄显声将军那儿学习文化知识，并利用自己的年龄优势，成为狱中党组织的交通员，把黄显声制作的小纸条传到狱中各处，小纸条被称为"狱中《挺进报》"，极大地激发了大家的斗志。1949年9月6日，宋绮云、徐林侠夫妇及宋振中，与杨虎城将军父子一起，在重庆松林坡被特务杀害。重庆解放后，"小萝卜头"的遗骸被发现，他的两只小手还死死地握着黄显声将军送给他的一小截铅笔。

◆ 白公馆
沙坪坝区民政局　供图

1960年代初，空政歌剧团根据小说《红岩》创作了歌剧《江姐》，其中的《绣红旗》唱段，描写了江竹筠（江姐）和狱友们在狱中绣红旗的场景："线儿长，针儿密，含着热泪绣红旗……"这首饱含深情的歌曲后来成为家喻户晓的红色经典。而现实中的"绣红旗"是真有其事，但不是发生在渣滓洞的女牢，而是发生在白公馆男牢中的陈然等人身上。1949年10月1日，中华人民共和国成立，第一面五星红旗飘扬在天安门广场。被关押在白公馆的黄显声将军，从报纸上得知了新中国成立、国旗是五星红旗的消息，他把这个激动人心的消息通过暗语告诉了同志们。罗广斌（小说《红岩》作者之一）、陈然（《挺进报》特别支部代理书记）、丁地平等同志提议制作一面五星红旗，但是当时谁都不知道五星红旗是什么样子。于是他们凭借想象，用早餐吃的稀粥，将黄色的草纸撕成五角星，粘在了红色被面上，一面"五星红旗"就这样诞生了。这面五星红旗极大地激发了狱友们的斗志，也代表着他们对新中国无比热切的期待。但是，1949年11月27日，仓皇逃离的国民党特务，将在白公馆、渣滓洞的共产党员和进步人士，分批押往松林坡杀害，牺牲的革命者共计317人。这些牺牲的革命者最终没有看到飘扬在重庆的五星红旗的样子，但他们用鲜血染红了真正的五星红旗，并将永远被共和国铭记。"11·27"大屠杀前，罗广斌把楼板撬开，将卷起来的红旗藏到楼板里，这面红旗得以留存。如今，这面特别的五星红旗被收藏于中国国家博物馆。

1988年，白公馆被国务院公布为全国重点文物保护单位。2007年7月，百年不遇的山洪和泥石流使渣滓洞和白公馆遭受损坏。重庆各界踊跃捐款，使受损文物很快得以修复，恢复开放。2021年5月，白公馆经全面保护修缮后重新开放。秉持"修旧如旧"和保护文物的原则，这次全面修缮后，牢房和刑讯洞的还原非常逼真，彰显出烈士们英勇不屈的精神。

◆ 渣滓洞看守所

渣滓洞位于重庆市西北郊的歌乐山麓，三面环山，一面临沟，地形隐蔽。原为人工开采的小煤窑，因煤矸石多，被称为"渣滓洞"。

1943年，军统重庆临时看守所（即白公馆看守所）被改为中美合作所美方人员招待所，军统局强占渣滓洞，把白公馆关押人员全部迁押于此，1946年底又全部迁回白公馆。1947年12月，渣滓洞作为重庆行辕（后改称重庆"绥靖"公署、西南军政长官公署）第二看守所重新开监，最多时关押有三百余人，江竹筠、许建业、刘国鋕等都曾被关押于此。

身陷囹圄的革命志士在渣滓洞监狱这一特殊的战场，与国民党特务展开了各种形式的不屈不挠的斗争。

1948年5月的一天中午，渣滓洞的特务照例让伙房挑出菜饭，摆在内院的放风坝子上，特务管理员吹哨子叫各牢房人去打饭，但各牢房却毫无动静。原来这是胡春浦、何雪松等人组织全体难友为抗议特务贪污伙食费而举行的绝食斗争。

渣滓洞监狱有一个由"政治犯"推选成立的伙食委员会，伙食委员可以查阅伙食账目。由于特务事务员不会写账，要从"政治犯"中找一个写账的人，大家推举了关押在楼下一室的仲秋元。1948年5月，他从伙食账目中发现上个月伙食费有节余，而特务事务员却没有按规定将结余用来为大家改善伙食。他将这一情况告诉了伙食委员张明泛。张明泛当即去质问特务事务员，要求查账。特务事务员破口大骂，还出手打了他。

本来，特务大肆克扣伙食费，大家早已十分气愤，现在见他不但拒绝查账，而且还殴打要求查账的伙食委员，"政治犯"们的愤怒一下便激发到不能克制的地步。楼下五室的何雪松、胡春浦、

◆ 渣滓洞
　　沙坪坝区民政局　供图

肖钟鼎等人商议后，决定分头发动各牢房的难友开展绝食斗争，并约定了停止绝食的条件。

特务管理员见无人出来吃饭，感到事情不妙，赶紧去报告渣滓洞监狱所长李磊。李磊把各室室长请到办公室，假笑着对大家说，自己对发生这样的事情很难过，承认事务员不该打人，要求大家回去劝说难友停止绝食。各室室长就把事先约定的条件提出来：一、尊重伙食委员职权，公开伙食账目，不得克扣粮食和菜金；二、糙米难吃，要把糙米碾成熟米——可由各室的人轮流打米、风净；三、不得打骂和侮辱"政治犯"；四、撤换打人的特务事务员。

李磊听完条件，含糊回答可以商量，但又推却说用人权在国民党重庆行辕二处，他无权换人。各室室长走后，李磊决定暂时不把事情上报。犯人闹事，是因为管理人员有贪污行为，这点他心里很清楚，那个特务事务员平时给他"孝敬"过不少不明不白的钱物。如果报上去，追查起来，也会牵扯到自己。他遂吩咐手下将饭菜热一下，另外再加炒一个回锅肉，抬到内院坝子里。特务们又吹哨子叫各室去打饭，但仍无人应答。

李磊只好打电话向国民党重庆行辕二处处长徐远举报告。徐远举指示他先答应条件，来个缓兵之计，过后再暗中清查是哪些人在"捣鬼"。李磊只得又把各室室长请来，表示接受他们提出的条件。

绝食斗争就这样取得了胜利。虽然事后国民党重庆行辕二处派人提了几名难友去审讯，追查谁是绝食斗争的发动者，但却毫无收获，最后也就不了了之了。

为团结难友，鼓舞斗志，揭露监狱的黑暗，关押在渣滓洞监狱的革命者以诗歌为武器，秘密形成了一个有二十余名成员的战斗集体——铁窗诗社。铁窗诗社的成立，源于难友刘振美和古承铄在狱中创作的诗歌。

1948年6月1日（"六一大逮捕"一周年），刘振美创作了一首七律诗："……初稼新逢六月雪，厄杨仍发一年枝；余生入狱何足惧，且看中天日影移。"当天，古承铄又创作了一首新体诗《"六一"大逮捕有感》："假如山崩地裂，假如天要垮下，假如一动就会死，假如有血才有花……只要能打开牢笼，让自由吹满天下，我将勇敢上前，毫不惧怕。"

这两首诗在狱中被大家口口相传，深深触动了难友们的心弦，他们感到，应以笔为刀枪，开辟对敌斗争的新战场，遂酝酿组织一个诗社。从酝酿到诗社正式成立期间，难友们创作了多首诗歌，互相激励，鼓舞士气。

1948年6月，江竹筠被捕入狱，受尽酷刑，仍坚贞不屈。江竹筠的表现扫却了因组织遭到大破坏而给监狱带来的沉闷气氛，激励了渣滓洞的难友。难友们为慰问江竹筠，赞扬她的英勇坚贞，集体创作，由何雪松执笔，写成诗歌《灵魂颂》："你是丹娘的化身，你是苏菲亚的精灵，不，你就是你，你是中华儿女革命的典型。"

易仲康作《入狱偶成》："权把牢房当成家，长袍卸去穿囚裙；铁窗共话兴亡事，捷报频传放心花。"

杨虞裳和诗："英雄为国就忘家，风雨铁窗恨磕牙；革命成功终有日，满天晴雪映梅花。"

……

1949年春节，艾文宣、傅伯雍等二十余人利用开"春节联欢会"的机会，秘密聚集在渣滓洞监狱楼上一室，宣告"铁窗诗社"成立。

为防止特务闯进来发现，他们布置余祖胜、张朗生在门外轮流放哨，写新体诗和旧诗的同志分为两组，席地围坐在楼板上。刘振美主持会议，他说："来这里与会的同志都是诗社的战友。我们组织这个诗社，目的很明确，那就是要以诗歌作武器，为革命斗争服务。在狱中，竹签笔就是刀枪、匕首，我们要针对强盗的罪行，无情揭露，把心里要说的话写成诗句，化作战鼓、号角。"

成立会上，杨虞裳带头朗诵了鲁迅1931年创作的七律诗《惯于长夜过春时》，古承铄朗读了自己创作的《宣誓》，何雪松朗读了自己创作的《迎接胜利》。诗友们一个接一个地抒发自己的情怀，直至收风才不舍地离去。这是铁窗诗社第一次也是仅有的一次集体活动。

铁窗诗社成员创作新旧体诗五十多首，由于监狱特殊的环境，诗歌主要以口传为主，大部分诗稿在"11·27"大屠杀时被烧毁，流传至今的仅二十多首。

铁窗诗社的成员大多数在黎明前倒下了，他们没有看到蒋家王朝的最后覆灭，没有呼吸到自由的空气。他们留下的是残缺不全的诗稿，而且他们很少被称为诗人，但每一位革命烈士本身，就是一篇无比壮丽、无比伟大的诗章！

1949年11月27日，距离重庆解放仅仅三天！国民党反动派下令对关押在渣滓洞看守所的革命者实行集体大屠杀。革命者们被以"马上转移，要办移交"为借口，集中关押在楼下八间牢房。

匪特们端着机枪、卡宾枪，疯狂地对着牢房内扫射，子弹像倾盆大雨一样射向牢中那些手无寸铁的革命者。

"新中国万岁！""中国共产党万岁！""打倒国民党反动派！"枪声、口号声震撼了歌乐山。

一阵疯狂的扫射后，特务匪徒又进牢房内补枪射击，再泼上汽油，纵火焚烧，顷刻之间，上至年过花甲的老人，下至刚满周岁的婴儿，180人殉难。

1956年，渣滓洞看守所旧址被四川省人民政府公布为省级重点文物保护单位。1963年，渣滓洞被复原修建，并对外开放。1988年被国务院公布为全国重点文物保护单位（"中美合作所"集中营旧址）。2021年2月，渣滓洞景区历经半年的闭馆修缮和布展后重新开放，增加了场馆展陈，布展面积达580平方米，让参观者身临其境地感受到当年革命者在如此残酷的环境下，依然坚贞不屈，"在烈火中永生"的大无畏气概。

◆ 电台岚垭

电台岚垭曾经是歌乐山半山腰一处不知名的垭口，距离渣滓洞监狱有步行约20分钟的路程。1943年中美合作所成立，以戴笠为首的军统特务在这里设置电台，因而得名"电台岚垭"。1946年电台搬走，这里便重归荒芜，成为军统特务处决革命者最为理想的刑场。

著名烈士江竹筠就牺牲在电台岚垭。当解放大军直指重庆，国民党狗急跳墙，1949年11月14日军统特务以转移为借口，将江竹筠、李青林、陈以文、邓兴丰等30人提出牢房，押往电台岚垭。在人迹罕至的荒凉小道上，难友们齐声高呼"中国共产党万岁"，震耳的高呼将刽子手们吓得心惊胆战，还未到达预定刑场，他们就慌忙射出了罪恶的子弹！

在重庆民间的掌故里，人们更愿意亲切地称呼江竹筠为"江姐"。她的故事，被写进了小说《红岩》中，被拍进电影《烈火中永生》里，被改编成川剧名剧《江姐》。她是重庆家喻户晓的共产主义女战士，她的英勇牺牲是每个重庆人心中回肠荡气的"永生"。

江竹筠1920年8月20日出生于四川省自贡市大山铺镇的一个农民家庭。8岁随母亲到重庆谋生。由于家庭贫苦，小小年纪就挑起了生活重担。1939年江竹筠考入中国公学附属中学读高中。

在求学过程中，江姐逐渐接受了共产主义思想的影响，产生了对中国共产党的信任和热爱之情。由于她带动了许多同学共同进步，引起了组织对她的重视，1939年，她秘密地加入了中国共产党。入党后，江姐本来一心向往革命圣地延安，想去延安学习马克思主义理论。但党要求她留在重庆做通信联络工作，这份工作需要一个不为人注目的职业作掩护，党组织指示她要学习会计知识，学会拨算盘珠子。她毫不犹豫地听从了组织安排。

1943年的时候，重庆党组织要求每个党员都要重写自己的个人履历，形成机密文件，负责这项工作的是彭咏梧同志。当时彭咏梧的公开身份是国民党中央信托局物产保险处的中级职员，平

◆ 电台岚垭
沙坪坝区民政局　供图

时居住在由单位提供的集体宿舍里，工作开展十分不便。为掩护彭咏梧，党组织决定安排江姐与彭咏梧假扮夫妻，以获得信托局分配给已婚职员的单独宿舍。

江姐和彭咏梧这对年轻"夫妻"搬进了位于机房街的新宿舍里，这里随即成为重庆市委的秘密机关和党组织整风学习的指导中心。江姐和彭咏梧志同道合，两人互为掩护，一起开展秘密工作。

1947年下半年，解放战争进入战略反攻阶段，重庆成立了中共川东特别区临时工作委员会，决定在国民党统治下的心脏地带展开武装斗争，配合中国人民解放军顺利实施战略大反攻。1947年11月，彭咏梧带领江竹筠（负责与临委的交通联络）一起到云阳、奉节、大宁、巫山组织和指挥武装暴动。

1948年春节前夕，彭咏梧在组织武装暴动时不幸牺牲，头颅被敌人割下挂在城门上示众。川东临委希望江姐回到相对安全的重庆工作，但是江姐强忍悲痛，坚持要到更危险的下川东工作，她对组织说："这条线的关系只有我熟悉，别人代替有困难。我应该在老彭倒下的地方继续战斗。"临委只好同意了她的请求。

就在此时，国民党反动派发动了疯狂的白色恐怖行动。国民党反动派听说了彭咏梧的妻子就在下川东一带活动，于是派人四处展开秘密搜查。1948年6月14日，由于叛徒冉益智出卖，江姐不幸被捕，关押进重庆渣滓洞监狱。

入狱后，国民党军统特务为了从江姐口中得到重要情报，一直没有中断对她的严刑审讯：老虎凳、辣椒水、吊索、带刺的钢鞭、撬杠、电刑……却始终没能让江姐屈服。

狱中的难友们把江姐称为"中国的丹娘"。在何雪松代表全体难友献给江竹筠的诗里写道："你是丹娘的化身，你是苏菲亚的精灵，不，你就是你，你是中华儿女革命的典型。"

1949年10月1日下午15时，毛泽东主席在北京天安门广场向全世界庄严宣告："中华人民共和国正式成立了！"随后，朱德总司令宣读了中国人民解放军总部命令："迅速肃清国民党反动军队的残余，解放一切尚未解放的国土。"此时中国人民解放军也吹响了进军重庆、解放大西南的号角。

国民党狗急跳墙，对关押在"中美合作所"集中营的所有政治犯痛下杀手。11月14日上午9时，渣滓洞监狱传来了大批特务的脚步声，江姐所在监狱的大门被打开，军统特务以转移为借口，将江竹筠、李青林、陈以文、邓兴丰等30人提出牢房，押往电台岚垭秘密杀害。

江姐坚贞不屈、慷慨就义的英雄事迹让无数老一辈革命家为之动容。《红岩》作者之一的杨益言曾回忆说，当年毛泽东观看歌剧《江姐》时，看到壮烈牺牲那场戏，曾感慨而又遗憾地对身边的工作人员说："为什么不把江姐写活？我们的人民解放军为什么不去把她救出来？"

就如同那首被千万人传唱的歌曲《红梅赞》所歌唱的那样，江姐就是那红岩上傲立雪中的红梅花，在中国的革命史上永远绽放出别样的光彩。

◆ 歌乐山烈士陵园

歌乐山烈士陵园位于重庆沙坪坝区歌乐山脚下。这是一片被烈士鲜血染红的土地。

烈士陵园的故事，要从1945年抗战胜利说起。

抗战胜利后，中美合作所完成了历史使命，按照协议，美方将其所有设施移交给国民党军统局。从此，中美合作所便成为了神秘的"特区"，成为了国民党反动派关押迫害革命志士的人间魔窟。

在仅有2平方千米的土地上，国民党军统特务设置了大大小小十余座监狱，其中白公馆、渣滓洞，更被称为两口"活棺材"。曾

◆ 歌乐山烈士陵园
　沙坪坝区民政局　供图

被关押在这里的就有杨虎城、张学良、叶挺、罗世文、江竹筠等大批共产党人和进步人士。

1949年4月，人民解放军占领南京，宣告国民党的反动统治覆灭。11月，刘邓大军进军西南，进逼重庆。国民党反动派在溃败前夕，命令军统特务从9月开始，分批屠杀狱中革命志士。

那是"黎明前最黑暗的日子"。经过三大战役、渡江战役等重大战役后，中国人民解放军势如破竹解放了广大国土；蒋介石"划江而治"的梦想宣告破产，蒋家王朝认为他们的失败是对共产党心慈手软的结果，出于报复心理，开始在重庆对共产党人和进步人士进行疯狂屠杀。

这场惨绝人寰的大屠杀始于1949年9月6日，结束于1949年11月29日上午，遇难烈士多达三百余人，革命烈士们用鲜血和生命谱写了一曲惊天地、泣鬼神的正气之歌。

9月6日，著名爱国将领杨虎城及其秘书宋绮云等6人被杀害于松林坡；10月28日，陈然、王朴、成善谋等10人被杀害于大坪刑场。11月14日，蒋介石与毛人凤由台湾飞抵重庆，由毛人凤主持会议，部署蒋介石交代的屠杀、潜伏、游击、破坏四大任务；当日，江竹筠、李青林、齐亮等30人被枪杀于歌乐山中美合作所电台岚垭。

11月27日，重庆解放前三天，国民党反动派在仓皇逃跑前，对囚禁在白公馆、渣滓洞等监狱的革命者进行了疯狂的大规模屠杀，许晓轩、谭沈明、刘国鋕等200余人被杀害，敌特还纵火焚烧了渣滓洞男牢房，制造了震惊中外的"11·27"大屠杀。

在整场屠杀中，丧心病狂的刽子手们连孩子也没放过。11月27日下午，在白公馆被禁锢了九年的王振华、黎洁霜夫妇被押出牢房。他们同戴一副手铐，各抱着一个出生在狱中的孩子，孩子大的两岁多，小的才几个月大。到了刑场，出于母亲的本能，黎洁霜央求刽子手："多打我几枪，你们把孩子放了！"可军统特务已经丧失了人性，"不行，一齐打，斩草除根！"他们夺过孩子，当着孩子父母的面开了枪……枪声再次响起，王振华一家四口倒在血泊中。

1949年11月30日，重庆解放。重庆市人民政府将在"11·27"大屠杀中牺牲的革命者安葬于原中美合作所大礼堂处；1955年，为了纪念在大屠杀中遇难的革命先烈，修建了歌乐山烈士墓园和烈士纪念碑，让所有牺牲于"11·27"大屠杀的烈士英魂长眠于此。1956年，四川省人民政府将烈士陵园定为省文物保护单位。

1961年12月，小说《红岩》出版。这部小说的作者罗广斌、杨益言，曾于1948年先后被国民党反动派逮捕，囚禁在歌乐山下的白公馆和渣滓洞监狱中。重庆解放后，他们先后写出了《圣洁的鲜花》《江姐》《小萝卜头》等报告文学，以及革命回忆录《在烈火中永生》。

《红岩》描写了重庆解放前夕，国民党当局残酷镇压下的共产党领导的地下革命斗争。在监狱中，以齐晓轩、许云峰、江雪琴等为代表的共产党人，和敌人英勇战斗，最后壮烈牺牲。小说一经出版就轰动全国，并先后被改编成电影、电视剧、戏曲等。"红岩魂"成为一种大无畏革命精神的代表，代代相传。

1963年，重庆"中美合作所"集中营美蒋罪行展览馆建成，并恢复了白公馆、渣滓洞的原貌；1984年，重庆"中美合作所"集中营美蒋罪行展览馆改称歌乐山革命烈士陵园。1986年，在原"11·27"烈士纪念碑址上，歌乐山烈士陵园大型纪念群雕落成。1988年，"中美合作所"集中营旧址被国务院列为全国重点文物保护单位。1993年，重庆歌乐山烈士陵园增挂"重庆歌乐山革命纪念馆"馆名。

歌乐山革命纪念馆包括白公馆看守所旧址、渣滓洞看守所旧址、"11·27"死难烈士之墓、大型群雕《浩气长存》、红岩魂陈列馆、松林坡杨虎城将军殉难地等文物遗址和纪念设施。1996年被授予"全国中小学爱国主义教育基地"称号，1997年被中宣部列为全国百个爱国主义教育示范基地。

2006年，红岩魂陈列馆扩建新馆，占地六千余平方米，分为上下两层，于2008年7月8日正式对外开放。现地址为重庆沙坪坝区烈士墓政法三村52号。红岩魂陈列馆外还有1999年修建的红岩魂广场。

从2001年开始，重庆歌乐山革命纪念馆与红岩革命纪念馆开始资源整合、联合运作。2007年1月19日，在两个纪念馆基础上建立红岩联线文化发展管理中心，同时加挂"重庆红岩革命历史博物馆"。

属于重庆歌乐山革命纪念馆一部分的红岩魂陈列馆，分为歌乐山记录、歌乐山悲壮、歌乐山记忆、歌乐山风采四大展区。

展厅的展板上的"狱中八条"非常醒目，原来，"狱中八条"是当年在狱中的党组织成员，认真总结血的教训，向党组织提出的八条建议：一、防止领导成员腐化；二、加强党内教育和实际斗争的锻炼；三、不要理想主义，对上级也不要迷信；四、注意路线问题，不要从右跳到"左"；五、切勿轻视敌人；六、重视党员特别是领导干部的经济、恋爱和生活作风问题；七、严格进行整党整风；八、惩办叛徒特务。

红岩魂陈列馆里，还有一面特殊的"五星红旗"。原来，1949年10月，新中国成立的消息传到监狱，狱中的革命志士无不感到欢欣鼓舞。大家听说国旗的颜色是红色，围绕着五颗星，于是就连夜用一床红色的被面，加上黄色的草纸，按照想象的样子，制作出一面非常特别的"五星红旗"。虽然大多数革命者都没有如同他们期望的那样，在重庆解放的时刻挥舞着五星红旗与战友重逢，而是倒在了重庆解放的前夜，但他们所铸就的"红岩魂"，却永远与歌乐山同在。

九龙坡区

◆ 刘伯承六店子旧居

北依嘉陵江，东邻渝中区，西靠沙坪坝区——在九龙坡区石桥铺六店子的烟灯山公园最高处，有一座黑白色的复式四合院，这里就是刘伯承元帅旧居的迁建地。

迁建后的刘伯承旧居占地八百平方米，青瓦、白墙、穿斗木构架，三个天井，典型的川东民居风格，与周边的高楼林立相比，看上去独具特色。因旧居原址曾设有食、宿、茶、烟、药、油蜡六个小店，故名"六店子"。

九十多年前，中共重庆地委军事委员会在此召开会议，策划"孕育"了著名的"泸顺起义"。

1926年11月，根据中共中央指示，中共重庆地委在刘伯承家中召开了会议，成立了以杨闇公为书记的军事委员会，朱德、刘伯承任委员。这是中国共产党历史上成立最早的省级军委之一，标志着四川地区的军事运动有了党组织的统一领导。

为尽快将中共中央同意在四川发动武装起义的意图付诸实现，

会上刘伯承根据中央指示，具体分析了利用川军矛盾、组织泸顺起义的可能性构想和具体策略。军委会经过反复讨论，一致认为发动起义的时机已经成熟，确定起义时间在12月5日，并制订了发动起义的具体方案。

1926年12月1日，泸州起义提前爆发。3日，顺庆起义也因消息走漏而提前爆发。中共重庆地委得知消息后，当即派刘伯承于5日赶赴合川，率合川起义军支援顺庆。10日，刘伯承就任国民革命军四川各路总指挥，指挥起义部队。在四川军阀的"围剿"下，起义军转战开江、万县等地，终因寡不敌众于1927年5月宣告失败，朱德、刘伯承、吴玉章、陈毅等起义领导人辗转到达江西，参加了后来的南昌起义。

◆ 刘伯承六店子旧居
　　杨孟　摄

泸顺起义反映了中共重庆地委在军运工作上的独特成就，是中国共产党力图掌握武装的一次勇敢的尝试，是牵制敌人配合北伐的重大军事行动，同时也有力地推动了四川大革命运动的发展，成为党在大革命时期争取改造旧军队的一个范例。起义的主要领导人和组织参与者朱德、刘伯承、陈毅等后来转移南昌，成为八一南昌起义的重要领导人，人民军队的重要缔造者。

如今，刘伯承六店子旧居已被列入重庆市级文物保护单位、重庆市爱国主义教育基地和区科普教育基地以及重庆市不可移动革命文物名录，吸引了不少市民前来参观游览。2021年6月，刘伯承六店子旧居提档升级完成，旧居内《军神·丰碑——刘伯承重庆史实展》面向社会开展，以历史发展为主线，分为4个展区11个展厅陈列，展出各类文物200余件（套）。以大数据、人工智能、4K等融媒体技术，创作3D动画、H5、Vlog等新媒体作品，全方位、多层次展现出刘伯承元帅在旧居战斗、工作、生活时的历史场景。

◆ 中共四川省临委会扩大会议会址

九龙坡区铜罐驿镇有一个村子，叫陡石塔村，现在被称为"英雄湾村"。这里有一座始建于清末民初，坐东朝西、木质结构的院落。九十多年前的至暗时刻，新思想在这座普通的青砖黛瓦、古朴典雅的民居汇聚，红色的种子在这里播撒。同时，这里还见证了中共四川省委的成立，并成为中共四川省临委会扩大会议会址。这座民居，就是留法进步青年，年仅29岁就光荣牺牲的烈士周贡植的故居。

出身大户人家的周贡植，心怀救国救民理想。1918年从巴县县立中学毕业后，1919年考入重庆留法勤工俭学预备学校。1920年正式启程，前往法国勤工俭学。在法国勤工俭学期间，周贡植的思想进一步觉醒，1922年，经中国共产党创始人之一的赵世炎、中国共产党早期的革命家袁庆云介绍，周贡植在法国加入旅欧中国共产主义青年团，不久又转为共产党员，成为一名无产阶级战士。

1925年周贡植受党的委派回国返回重庆，任教中法大学四川分校（旧址位于现渝中区），同时开展组织工作。

回国的周贡植目的十分明确：开展宣传，发展党员，寻求根本改造中国的同行者。他一面工作，一面到处宣传奔波。1925年冬，他介绍同乡牟万宗入党，并与西彭镇的党员袁川平接上组织关系。1926年2月初，他们在铜罐驿龙脑山先后发展了7名共产党员。

他带着新入党的同志们举行宣誓仪式，并代表上级党组织宣布中共铜罐驿支部正式成立。铜罐驿党支部是九龙坡区最早的党组织。1926年，中共重庆地委成立。

同年重庆发生了震惊全国的"三三一"惨案，中共四川党组织的负责干部和革命志士杨闇公、冉钧等先后遇难，数百名无辜群众遭到杀害，周贡植、牛正声等人侥幸脱险。

♦ 中共四川省临委会扩大会议会址
唐明旭 摄

　　面对紧张局势以及组织壮大的复杂形势，1928年2月10日至15日，来自成都、重庆、泸州、宜宾、江津、南充等地的党代表二十余人参加中共四川临时省委扩大会议，会议地址就选在了周贡植家。

　　会议开始前，选择在哪里开会，周贡植颇费了一番心思。当时"三三一"惨案发生不久，任何风吹草动都可能会引起反动当局的警觉。多次讨论之后，周贡植提议就在铜罐驿陡石塔村周家举行。周贡植认为，铜罐驿远离主城、党组织保存情况较好，不容易引起反动军阀的注意；周家是当地大户，他可以利用自家人员众多的特点，对外宣称自家宴请宾客，进一步降低被发现的风险。周贡植的父亲作为当时铜罐驿乡长、袍哥"舵把子"，也保护支持了这次会议。为了保障代表们的安全，食宿都由周家负责安排，铜罐驿地下党员也在附近轮岗放哨，5天的会议得以顺利举行。

此次会议传达了1927年中央临时政治局扩大会议精神，决定在四川陆续举行春荒暴动，发动群众开展土地革命。会议通过了《政治任务决议案》《组织问题决议案》《职工运动决议案》《农民运动决议案》《军事运动决议案》等文件，决定成立正式的中共四川省委，选举傅烈为省委书记。在白色恐怖的社会条件下，大会恢复了被破坏的四川地区党的领导机关，工农群众运动也逐渐恢复开展起来。

没想到，一个月后，不幸发生。

1928年3月9日下午，中共四川省委书记傅烈、省委组织局主任周贡植，一同来到重庆城区兴隆巷8号楼房内主持会议。在会议举行的时候，不幸被敌人发现，除当时的省委秘书长牛大鸣伺机脱险外，傅烈、周贡植等11人均被捕入狱。

因为傅烈、周贡植都是中共四川省委的主要领导，国民党反动派极为重视，军阀王陵基亲自出面审讯。可不论是威逼利诱还是严刑拷打，周贡植和被捕的同志们没有一个屈服，没有一个投降。王陵基气急败坏，决定枪毙傅烈、周贡植等人。

得知儿子被捕入狱，周父发动身边的人脉关系，试图出资1000银元助周贡植出狱。不过，饱受折磨、遍体鳞伤的周贡植，最终拒绝了父亲的"营救"。放弃了生的机会，选择和同志们一同慷慨赴义。

周贡植辞别的不仅是盼望儿子平安归来的父亲，还有正有孕在身的妻子。周贡植托人传话，希望妻子和犹在腹中的孩子继续自己未竟的事业。

1928年4月3日，傅烈、周贡植、程明海、周玉书、黄中元、刘俊明、吴永初、徐君治、汪荣9位共产党人，在重庆朝天门码头英勇就义。

作为中国共产党早期革命家，重庆、四川革命领导人之一的周贡植，不图苟安，积极恢复、整顿和发展四川的中共党组织，开创了工作的新局面。

虽知必死，毫不畏惧。在波澜壮阔的革命斗争中，革命先烈们播下希望的种子，革命之花到处绽放！他们抛头颅、洒热血，不惧生死，为川渝地区孕育了宝贵的红色基因。先烈们救国救民的决心，不怕牺牲、英勇斗争的精神，影响了一代又一代共产党人为践行初心使命，矢志不渝艰苦奋斗，把青春甚至生命都献给了党和人民的伟大事业。

2018年11月至2019年7月，九龙坡区委、区政府对故居进行了整体修缮，由中共重庆市委党史研究室、九龙坡区委联合主办的"初心·使命·奋斗——巴渝地区早期共产主义运动文物史料展"在此永久展出，较为全面地呈现了中国早期共产主义运动在巴渝大地上的伟大实践。作为中国统一战线传统教育基地、重庆市级文物保护单位、重庆市爱国主义教育基地、重庆市革命传统教育基地，2021年列入重庆市不可移动革命文物名录，周贡植故居向社会免费开放。

南岸区

◆ 《挺进报》社旧址

《挺进报》于1947年7月创刊，1948年4月因办刊人陈然被捕而停办。作为特殊时期中共党组织重庆市委的机关刊物，《挺进报》是特殊时期信息孤岛中的一盏明灯，照亮了等待黎明到来的重庆。

乘坐公车在南滨路钟楼站下车，沿石梯爬上半坡，步入庭院，一栋白墙黑窗的二层砖木结构小楼掩映于苍幽之中，这便是《挺进报》的旧址。这栋小楼原本是中粮公司机械厂一个修配车间，修配车间如何成为了特殊时期的"宣传阵地"，这一切都与这个修配厂的厂长陈然有关。

1947年2月28日，国民党封闭了设在重庆的中共四川省委和《新华日报》社。3月5日，省委和《新华日报》社全体人员被迫撤到延安。同时，国民党对全市展开大规模的逮捕。重庆瞬间成为信息孤岛。

党组织的同志和进步群众非常渴望及时了解战争的最新进展，

非常需要有一个刊物能够及时准确地传递前线的信息。

　　《挺进报》的前身是一个无名小报，1947年4月创刊，主要的编辑和有关工作人员有蒋一苇、陈然、刘镕铸等。1947年7月，中共重庆市委委员彭咏梧与刘镕铸接上了联系。市委根据当时的需要，决定停刊1947年元旦创刊的《彷徨》，出版市委新的地下机关报。经几人商议，将这张小报定名为《挺进报》，名字是从刘邓大军千里挺进大别山受到的启发。负责办《挺进报》的几位同志各司其职，陈然的住处就是《挺进报》的印刷地点。

　　最初《挺进报》的内容，主要来源于党组织从香港寄来的《新华通讯稿》，《挺进报》报道人民解放军在各个战场取得胜利的

◆ 《挺进报》社旧址
宋泉宏　摄

消息，在熟悉可靠的同志中传播，成为川东临委和重庆市委团结群众进行反蒋斗争的有力武器，在党组织和进步群众中享有很高威信。香港的信息没有办法保证及时传递，《挺进报》后来就主要靠组织上提供的电讯稿。

消息的来源不稳定，印刷也同样存在着巨大的风险。白天蒋一苇负责刻版工作，夜间陈然负责印刷工作。为了避免因为通宵开灯引起注意，房间的许多缝隙就用一层厚纸糊住，窗户上挂上毯子，电灯用黑纸做了一个灯罩。同时，为防止敌人搜查，陈然不用油印机，他用图钉把刻好的蜡纸钉牢在桌子上，用打磨过的光滑竹片代替滚筒，蘸上油墨在蜡纸上刮印，印完后烧掉竹片，就可以不留下任何痕迹了。为了提高印刷质量，陈然在小屋里一遍又一遍地试验、改进。

隐秘角落里一份小小的刊物，创造了巨大的能量。除了在信任的同志们之间传阅，有的地区还专门组织力量翻印再版，《挺进报》成了特殊时期最重要的"武器"。

1948年3月，由于斗争形势进一步严峻，《挺进报》社特支书记刘熔铸、宣传委员蒋一苇先后转移，陈然任代理特支书记。

随着《挺进报》的影响力越来越大，国民党特务机关对《挺进报》恨之入骨，派出大批特务查找《挺进报》的来源。很快危险降临。

1948年4月19日，陈然突然收到一封陌生来信："近日江水暴涨，闻君欲买舟东下，谨祝一帆风顺，沿途平安！彭云。"陈然意识到这是一个危险信号，提醒他迅速离开重庆。

不过考虑到工作的重要性，担心走了之后工作无人接替，陈然决定留下来。三天之后，4月22日傍晚18时许，陈然在家中被捕，后被关押进白公馆。

国民党特务对他使用了老虎凳等种种酷刑，他受尽折磨，两腿受了重伤，仍坚贞不屈，严守党的秘密，始终咬定《挺进报》从编辑、印刷到发行，全部是他一人所为。他决心牺牲自己，保护组织和同志们。

陈然在狱中认真学习文化、历史和军事知识，还把从国民党高级将领黄显声那里得到的消息写在纸条上，秘密传给难友，这被称为"狱中挺进报"。

1949年10月28日，陈然被国民党特务公开杀害于重庆大坪刑场，牺牲时未满26岁。他以自己的生命诠释了什么是气节：在平时能安贫乐道；在富贵荣华的诱惑之下不动心志；在狂风暴雨袭击下能坚定信念而不惊慌失措，最后临难不苟免，以身殉真理。

不论处于什么样的环境，都能坚定信念、不忘使命，这是一个真正革命者最真实的表现。《挺进报》虽已成为历史，但它对国统区的中共党员和仁人志士以及普通群众产生的精神指引和传达的意志力量是不可估量的。它犹如黑暗中的明灯，给无数地下共产党人指明了方向。

如今在《挺进报》社旧址，可以看到朝天门来来往往的邮轮，可以看到重庆渝中区日新月异的变化，可以看到南岸区滨江路的繁华，而这盛世繁华全是先烈们用生命换来的。

北碚区

◆ 王朴烈士陵园

王朴烈士陵园位于北碚区静观镇王朴村（原桥亭村），占地3400平方米，建筑面积207平方米，由王朴烈士墓、王朴母亲金永华墓和王朴烈士事迹陈列馆三个部分组成。

王朴原名兰骏，1921年11月27日出生于原四川省江北县仙桃乡（今重庆市渝北区仙桃街道）一个富裕的商人家庭。王朴自小坦率正直，勤奋好学。

1944年夏天，他考入复旦大学新闻系（位于重庆北碚）。在这里，他如饥似渴地阅读了大量马列著作、进步报刊，并尽力传播，逐步树立了共产主义信仰。这期间，中共中央南方局也开始关注王朴。

1945年7月，为了落实党中央开辟农村工作据点的指示精神，南方局青年组动员王朴回乡办学，开展农村工作。王朴坚决响应党的号召，征得母亲捐资兴学的同意，回县兴办学校。筹办莲华小学时，南方局抽调了黄颂文、李青林等十余名青年来到复兴乡协助办学，开展工作。1946年7月，为扩大办学影响，又开办莲华中学，校址从李家祠堂迁至逊敏书院，四川省委青年组又派杨仲武、王敏等同志到莲华中学工作。

1946年冬，在办校建点的过程中，经过长期培养和考验的王朴，被吸收入党，实现了他多年的愿望。1947年2月，中共江北县特支成立，王朴被任命为特支委员。7月，江北县工委成立，王朴任工委书记。

1947年9月，中共重庆北区工委成立，工委书记齐亮以英语教员的身份化名李仲伟来到莲华中学，黄颂文任组织委员，王朴任宣传委员兼管统战工作。莲华中学随即成为北区工委机关所在地，成为江北县和北碚地区党的活动中心。

1948年初，为争取莲华中学的"合法"地位，北区工委接办私立志达中学，莲华中学改为志达中学初中部，原志达中学为高中部，王朴任校长。从1945年秋到1949年11月的四年多时间里，在党组织的领导下，学校充分发挥了农村工作据点的作用，在发展壮大党的组织、开展革命活动、培养革命人才等方面，取得了显著成效。

就在北区工委成立时，为了配合解放战争，在大后方进行武装斗争，川东地下党急需经费购买粮食、药品和武器。王朴接受了为党筹集大笔经费的任务，他决定把家产全部献给他为之奋斗的神圣事业。王朴把想法告诉了母亲，年近半百的金永华同意将自己半生苦心经营积攒所得、准备留给子孙后代的殷实家产全部奉献给党安排使用。从1947年秋至1949年，金永华、王朴陆续变卖了1480石田产和市区的部分沿街房产，折合黄金近两千两，所得款项，一部分作为党的活动经费，一部分通过中国银行会计杨志（党员）存入银行备用。

　　大量卖田，引起了社会上一些人士的注意。川东临委指示王朴以做生意为名筹建一家贸易公司，作为川东地下党的一个经济据点。1948年初，王朴在重庆民国路宏泰大楼二楼租了一层楼房，根据党的需要创办了南华贸易公司，由王朴任经理，杨志任副经理。同时还从已经创办的三所学校抽调了几名党员担任会计和办事员。南华贸易公司一方面以王朴家卖田的款项作资本，经营生意；另一方面，通过公司供给川东地下党活动经费，并与上海、香港等地打通贸易往来，与上级党组织取得联系。开业后，川东临委工委书记王慕斋（王璞）来此接过头、提过款，对公司的创办工作十分满意。

　　在党的感召下，出身于资本家家庭的王朴，不但背叛了自己的阶级，而且把母亲和全家引上了革命的道路。这一切都是在白色恐怖笼罩山城，党处于极端艰难的情形下所发生的。这是一种对党赤胆忠贞的拳拳之心，一种壮怀激烈的报国之志，更是一种无坚不摧的信念支撑！

　　1948年4月初，重庆市委机关报《挺进报》被破坏，复兴乡也几次出现特务踪迹。据打入复兴乡公所的地下党员王泽泮回忆，4月20日前后，重庆行辕二处的三个特务来复兴乡公所，窥视地下党活动。在情势异常危险的情况下，王朴不顾个人安危，仍到场上与王泽泮见面。当王泽泮汇报到敌人了解思源中学情况多、了解志达中学情况少时，王朴说："小王要提高警惕，要防止声东击西，继续监视敌人的行动。"一次，王朴还在街上与特务擦身而

◆ 王朴烈士陵园
　　北碚区静观镇人民政府　供图

过，但他从容镇静，泰然自若，安全地回到了学校。

　　北区工委也得到情报，重庆、万县地下党组织遭到破坏，市委书记刘国定被捕。王朴与齐亮、黄颂文在志达中学初中部召开了紧急会议，商量对策。在讨论谁留下时，王朴、齐亮、黄颂文各持理由，争执不下，谁也不愿意把安全留给自己、把危险让给别人。王朴认为自己土生土长，又是校长身份，突然走了影响大，坚决留下工作。在王朴一再坚持下，最后决定由他留守。他坚定表示："能不能经得起最严峻的考验，我的行动是最好的回答。"

　　市委书记刘国定叛变后，敌人从他身上搜出一张王朴开出的现金支票，他便供出了川东地区党组织经济支持人王朴与苟孔甲（当时在川康银行工作）的关系。苟孔甲随即被捕，交代了他所知道的王朴的收支账目。没几天，参与南华公司筹备工作的电力公司员工唐鹤生也被捕。特务要求二人发现王朴进城立即报告。

　　4月24日晚，王朴与妻子褚群相对坐着，他抱着爱子"狗狗"依恋地说："城里还有一摊子要采取紧急措施，我要按照原定的接头时间到重庆去与王慕斋碰头，我这次进城去很可能被捕。"随即拿出一支活芯铅笔给褚群说："这支笔留给你作个纪念吧！你留在学校里担子不轻啊！也有可能被捕……要是我被捕了，你要听从组织的安排，老李（齐亮）会与你联系的，要努力完成党交给的任务，要把孩子抚养成人……"

次日清晨，东方刚露鱼肚白，王朴如往常一样平静，收拾好行李，进城去了。他和正住在城内的母亲金永华谈了很久。母亲叫他到成都躲避一下，他说："我怎么能走？我加入了组织，就不是娘一个人的儿子了。"想着今后母亲要走的路更是充满严峻的考验，王朴噙着泪珠，向母亲讲了三条意见：一是万一他被捕了，要放出和平空气，掩护学校，保护同志，学校一定要办下去，这是命根子；二是听党的话，剩下的田产，继续变卖；三是弟弟、妹妹要靠组织，不能离开学校。

4月26日晚，王朴分别与苟孔甲、唐鹤生联系。第二天一早，两人便先后向特务告了密。4月27日中午，行辕二处课长雷天元带着五个特务，包围了南华公司大楼，王朴不幸被捕。

王朴被捕后，先被关押在行辕二处，后被害于重庆的大坪刑场，为党和人民的事业献出了年轻的生命。

2022年10月，北碚区委、区政府在王朴烈士陵园旁建成了占地八十余亩的王朴公园，公园内部形成"红色环线"，串联"英雄儿子 伟大母亲""毁家纾难助革命""狱中八条""望子继志""坚贞不屈 永不叛党"五个主题故事。今天的王朴烈士陵园已经成为了重庆著名的爱国主义教育基地、中小学德育教育基地、廉政教育基地。

中共中央西南局缙云山办公地旧址

中共中央西南局缙云山办公地旧址位于北碚区缙云山的杉木园内，2009年被重庆市人民政府公布为市级文物保护单位，是重庆市革命历史文化的重要组成部分。

2019年，重庆市北碚区人民政府以中共中央西南局缙云山办公地旧址的三栋办公楼为主体，建成了中共中央西南局历史陈列展。陈列展分别在邓小平旧居、刘伯承旧居、贺龙旧居展陈了中共中央西南局历史陈列、刘伯承在重庆历史陈列和贺龙在重庆历史陈列。

邓小平旧居为一楼一底的砖混结构建筑。占地面积145平方米，建筑面积268平方米。展厅面积263平方米，陈列展示文物103件（套）。旧居前有一棵由邓小平亲手栽植的马尾松，如今已长成参天大树，枝繁叶茂、刚劲挺拔，被称为"小平松"。

《中共中央西南局历史陈列》是在邓小平旧居辟建的历史陈列展，展览分"解放西南""政权建设""经济建设""文化建设"四个主题，集中展现了中共中央西南局领导人邓小平、刘伯承、贺龙等指挥解放大西南、建设大西南的丰功伟绩。同时，展陈了邓小平主持中共中央西南局工作期间，曾在此办公，处理过百业待兴的军政要务。

刘伯承旧居建筑为中西合璧式两层楼房，粉墙黛瓦，砖木结构，占地面积270平方米，建筑面积484平方米。展厅面积386平方米，陈列展示文物108件（套）。

《刘伯承在重庆历史陈列》是在刘伯承旧居辟建的历史陈列展，展览分"早期革命斗争""解放大西南""建设大西南""在渝佳话"四个主题，集中展现了刘伯承率领第二野战军，发起西南战役，先后解放了贵阳、重庆等地，担任中共中央西南局第二书记、西南军政委员会主席期间的相关历史，领导西南人民在政权建设、社会改造、经济恢复、民族团结等方面建立的不可磨灭的功勋。

贺龙旧居又被称为"贺龙院"，是一幢中西合璧式的两层楼房，粉墙黛瓦，砖木结构，占地面积209平方米，建筑面积407平

◆ 中共中央西南局缙云山办公地旧址
　　爱心人士　供图

方米。展厅面积309平方米，陈列展示文物64件（套）。

《贺龙在重庆历史陈列》是在贺龙旧居辟建的陈列展，分为"早期革命""解放西南""发展体育""生态保护"四个主题，集中展现了贺龙作为中共中央西南局第三书记、西南军政委员会副主席、西南军区司令员在和平解放西藏、修筑康藏公路、发展体育事业、保护生态环境尤其是保护缙云山的生态环境等为西南地区的社会经济发展作出的卓越贡献。

1949年，为实现全国解放，对四川、云南、贵州、西康和重庆四省一市的政治、经济、军事、文化等实行全面领导和统筹建设，中共中央决定成立中共中央西南局。邓小平为西南局第一书记，刘伯承为第二书记，贺龙为第三书记。重庆解放后，西南局进驻重庆。

20世纪50年代初，西南局在北碚缙云山设立了夏季办公地，邓小平、贺龙、刘伯承等领导曾在此办公。在重庆解放初期的五年多，西南局根据西南地区民族众多、地处边疆、社会经济发展极不平衡的实际，创造性地贯彻执行了中央一系列重大方针政策，为西南各族人民的翻身解放和人民政权的建立、巩固作出了不可磨灭的贡献。

重庆解放后，百废待兴，城市失业率很高，人心浮动。如何尽快稳定人心，促进经济发展？在中共中央西南局常委办公会议上，邓小平阐述了自己的观念："要以修建成渝铁路为先行，带动百业发展，不但可以恢复经济，而且可以争取人心，稳定人心。"修建铁路的方案得到毛主席批准。在当时物资匮乏的情况下，国家拨了2亿斤大米作为修路经费。成渝铁路自1950年6月15日开工，比计划工期提前三个月完工，于1952年6月13日竣工。这是一条由中国人自己设计、使用国产材料修建的新中国的第一条铁路，极大地鼓舞了人民的信心，促进了西南地区的物质交流和经济发展。此外在西南局的主导下，还建成了人民大礼堂、劳动人民文化宫、大田湾体育场和狮子滩发电站等一批项目。

西南局另外一个重要的贡献是促成了西藏的和平解放。1949年7月8日，西藏地方当局勾结外国势力，在拉萨制造了"驱汉事件"。12月毛泽东给中共中央西南局写了一封信，明确表示：解放西藏的问题要下决心了，进军西藏宜早不宜迟。邓小平就进军西藏提出了"政治重于军事，补给重于战斗"的方针。为此，中共中央西南局制定与西藏地方政府进行和平谈判的十项条件。西南局根据当时的情况一方面组织人员修建入藏公路，另一方面通过战斗解放了昌都，最终促使西藏和平解放。

邓小平在重庆工作期间，还留有一个关于"玻璃"的典故。三月时节，春暖花开，刘伯承和贺龙约邓小平到北碚澄江运河边钓鱼，放松休息。三人说说笑笑，不觉时近中午，便收竿往回走。漫步到下溪口时，远远看见一家路边茶馆，老板正在自家老虎灶前接开水。贺龙一见，便提议喝一杯茶水再走。三人坐下后，老板问："三位同志，喝啥子茶？""玻璃！"邓小平不假思索脱口而出。"玻璃？"贺龙搞不懂了，把烟斗从嘴里拿出来，瞪大眼睛，望着邓小平。"玻璃？玻璃是啥子茶哦？""四川特产，你一会儿就晓得喽。"邓小平故意卖起了关子。等店家把三盏盖碗端上来，贺龙急忙揭开邓小平面前那一碗："这不是白开水吗？玻璃？哈哈，你们四川人说话就是形象哦。"

重庆夏季炎热，沿街有许多茶摊，一个玻璃杯，上面盖一块玻璃，售卖老荫茶、醪糟开水和白开水。白开水无色无味，像玻璃一样，所以白开水被人们形象地称为"玻璃"。邓小平那时在重庆留法预备学校学习，喝不起"高档"的醪糟水，只能喝最便宜的"玻璃"。只是当年喝"玻璃"的学生现在已是西南局第一书记了。

邓小平笑了笑，"白开水最养人。我们三个主政西南，就像这白开水样，清清白白，透明得很，让人民看得见摸得着，人民才踏实啊。我这段时间深有感触，大西南百废待兴，还是喝白开水的人多，那我就和他们一起喝白开水，等到大家都能喝上茶了，那我喝白开水也是甜的喽。"

刘伯承、贺龙放下茶杯，高声和道："那我们也喝'玻璃'。"三人相视，哈哈大笑。

其实，喝茶喝水是人的喜好，但在邓小平身上，一杯白开水却折射出老一辈无产阶级革命家与人民共甘苦的朴素情怀和共产党员澄澈无私的情操。

渝北区

◆ 唐虚谷、杨袁善烈士陵园

在悦来新城会展公园东北角，安葬着唐虚谷、杨袁善两位烈士。烈士陵园面积为1.79公顷，其中硬质铺装面积969平方米，园路面积为175平方米。

陵园作为悦来会展公园的景观组成部分，利用林中蜿蜒散步道的地势高差，层层抬高，景点设置主要有：竹园思忆、追思草坡、思园、纪念广场、烈士雕像和烈士事迹综述纪念墙。用竹所代表的园林意境——刚毅、挺拔——来暗示二位烈士品行高洁、正直，以竹刻字，追忆烈士往昔，让烈士生平事迹唤醒人们的追思，表达对烈士的缅怀。

悦来地名来源于《论语·子路篇》："近者悦，远者来。"悦来始建于宋辽，繁盛于清代，1760年设悦来场。因地处嘉陵江岸，交通便利，成为重庆重要的水陆驿站，是商贾云集、货物集散之地。当地广泛流传着"滑竿挨着放，马儿贴着拴"的民谚。1929年，悦来场改为悦来镇。2007年，悦来镇改为悦来街道。如今的

◆ 唐虚谷、杨袁善烈士陵园
　　李利萍　摄

悦来，已经发展成为悦来国际会展城。

历史上的悦来，一直是中国民主救亡的重要阵地。1919年五四运动爆发，年仅15岁的邓小平与邓绍圣、胡明德等人一道，从四川广安县东门口码头出发前往重庆。在繁华的古镇悦来稍作停留后，他们怀着远大抱负继续奔赴上海，前往法国留学，开启了波澜壮阔的革命生涯。

抗战爆发后，悦来更成为了抗战救亡的重要阵地。1938年初，江北中学、大夏附中和南京青年会中学迁到了悦来徐家坝地区。中共江北县地方党组织在这些学校开展革命工作，领导学生创办大夏剧社和大夏壁报，积极培养党员，大唱抗日歌曲，上演抗日短剧，以激励斗志、鼓舞人心。学校党支部还在李家湾附近办农民夜校，组织学生到附近农村帮助农民干农活、宣传抗日。一批青年学生受此影响远赴延安，投身革命。

1949年春，杨袁善、唐虚谷、匡文卉、杨哲卿等四名重庆西南学院学生以及党的外围组织六一社成员被安排到悦来隐蔽，受中共复兴特支领导。他们一边教书工作，一边积极开展迎接解放的各项工作。

杨袁善（1928—1949），又名留芳，四川省长寿县（现重庆市长寿区）梓潼乡人。在重庆西南学院经济系读书时，参加了党组织的外围组织六一社。1949年4月，杨袁善被组织派遣到江北县任悦来平民教育委员会主任，隐蔽开展活动，并负责了解悦来上层人士动向和敌特活动等情况。

唐虚谷（1927—1949），又名以民、培生，四川省蓬安县天城乡人，受川陕革命的影响，逐步确立了为中国人民的解放事业奋斗终生的志愿。在重庆西南学院新闻系读书时，参加了党组织的外围组织六一社。

1949年11月下旬，解放大军直指重庆。国民党军队从江北往悦来方向溃逃。隐蔽在这里的进步学生为了保存实力、迎接解放，决定暂时转移。

唐虚谷和杨袁善于11月25日午后，由高峰寺前往悦来场打探消息。没想到他们遇上了国民党宋希濂撤退下来的部队，唐虚谷身上带着的《论人民民主专政》被搜了出来，二人不幸被捕。当晚，敌人对他们进行严刑审讯，他们坚贞不屈，并正义凛然地痛斥国民党反动派滔天罪行。敌人恼羞成怒，当即将二人枪杀并沉尸粪池，两个年轻的生命就此陨落。唐虚谷牺牲时年仅22岁，杨袁善牺牲时年仅21岁。五天后，重庆解放。

  2010年，重庆会展公园建成，两位烈士的陵园成为会展公园中的一处重要的景观园区，寄托着后人对两位烈士的追思之情。

  2021年清明时节，松柏常青，阴雨绵绵。唐虚谷71岁的儿子唐初红从成都来到重庆，和两江新区人和小学的学生们一起为杨袁善、唐虚谷两位烈士扫墓、祭奠。两江新区人和小学的师生们在现场向两位革命烈士献诗《革命烈士题壁诗》："别了，我的故乡，离情别恨，莫缭绕我的征裳，国泪乡愁，莫羁绊我的戎装！"

  唐初红教小学生们唱起了歌曲《读书郎》，这是父亲唐虚谷当年在悦来作为一名小学教员教唱过的进步歌曲。这一刻，一段跨越七十多年的红色历史仿佛在时空交错中有了某种联系。

南泉革命烈士陵园

南泉革命烈士陵园位于南温泉核心景区内。陵园由坊、亭、碑、墓四部分组成。穿过写着"南泉革命烈士陵园"的坊门，沿着石梯上去，有两个亭子，分别为正气亭和浩然亭。再上几步石梯，中间立着英雄纪念碑，上面写着"革命烈士永垂不朽"。再往后是烈士墓地，墓碑前刻有牺牲烈士名单。旁边还有"三三一"殉难志士李远蓉的墓碑。

中国人民解放军相继解放华东、西北和中南大部地区后，1949年10月，国民党政府由广州迁往重庆，残存的国民党军胡宗南集团和白崇禧集团分别撤向西南各省和广西一隅，蒋介石坐镇重庆指挥。中共中央军委对解放军进军西南作战作出一系列指示：消灭胡宗南集团及川、康诸敌，非从南面进军断其退路不可；应采取大迂回动作，插至敌后，先完成包围，然后再往回打的方针。

1949年11月，刘伯承、邓小平率领中国人民解放军第二野战军和第四野四十七军等部队，受命入川解放重庆，强渡乌江，并于24日攻占了南川。当晚，陈锡联司令在南川召开了十一军、十二军、四十七军军长会议，紧急部署解放重庆的行动计划。25日，十二军三十五师一〇三团奉令作为三兵团前卫部队，从南川神童坝抄小路飞奔南温泉，目的是扰袭国民党军队、查明敌情，并伺机为后续主力部队开辟一条过江通道。

南泉距重庆市区18千米，是一处狭长山谷，两面山势险峻，是防卫重庆的一道天然屏障。沿花溪河的傍山险道，是南川直达重庆的必经之路。因此，国民党视南泉为据守重庆"江南防线"的战略要地，调集了罗广文部四十四军、杨森部二十军一个师、罗君彤三六一师和彭斌的内二警总队等重兵把守，并匆忙把胡宗南部王牌师一六七师空运至重庆，妄图守住重庆南大门。

26日下午，十二军三十五师一〇三团一、二营在副政委苗新华、副团长吴颜生率领下飞抵南泉虎啸口。

虎啸口两面高山山势险峻，一条小溪层层叠叠、蜿蜒流于谷底。解放军沿着沿溪的小路小心行进，因山谷与我军前进路线呈"V"字形，在交火前敌我双方均未察觉对方。下午3时许，公路两边已见房屋，部队加快行军速度，一营二连连长徐根及紧随其后的二十多位战士一下就闯入了敌军的阵地，徐根反应最快，扔出手榴弹，至此，南泉战斗打响。经过激战，我军于黄昏时分占领了虎啸口。但国民党部队控制着建文峰等制高点，并以数倍兵力疯狂反攻虎啸口阵地，对解放军造成了很大威胁。

当晚，巴綦南边区特支派人送来了南泉地形草图及敌军兵力部署，团首长便决定让二营抢攻南泉最高点建文峰。为了迷惑敌军，由一营组织密集火力佯攻打鼓坪，二营于夜半时分沿建文峰

◆ **南泉烈士陵园**
　　南温泉旅游景区　供图

东南面的白炮石山沟隐蔽运动，以搭人梯方式攀登断崖绝壁，于27日凌晨突袭建文峰主峰，一举全歼峰顶守敌，控制了建文峰制高点。为夺回制高点，国民党军队轮番向我二营建文峰主阵地发起进攻，数十门大炮狂轰滥炸，一时间，建文峰上炮火纷飞，硝烟弥漫，弹坑遍布，战斗异常激烈残酷。但我军打退了敌军一次次疯狂的进攻，牢牢地将建文峰制高点控制在手中。在建文峰激战的同时，解放军一营多次向南泉正街发起进攻，但均未果。28日晚，一〇三团接到撤出战斗的命令，参加南泉战斗部队奉命有序撤出战斗，转上川黔公路，急行军到达江口（顺江场），于29日凌晨渡江，汇入十二军主力部队，而南泉守敌闻其退路将被截断时也连夜仓皇溃逃。

　　南泉战斗自26日下午3时许打响，至28日晚11时半我军撤出战斗，历时56小时，是解放重庆城区外围持续时间最长、最激烈的一次战斗。战斗中，我一营副营长徐泉水、二营副教导员梁松斗、二连连长徐根、三连连长曹辉等百余名指战员不幸为国捐躯。

为纪念南泉战斗及战斗中牺牲的革命烈士，1953年九龙坡区在南温泉景区修建了南泉烈士墓和烈士纪念碑。1996年，南泉建文峰建成解放重庆主战场遗址纪念园，原重庆市副市长、原市顾问委员会副主任马力题写了"解放重庆主战场遗址"纪念碑的碑名，中共重庆市巴南区委、巴南区人民政府命名其为青少年爱国主义教育基地。同年9月11日，中共第十届中央副主席（时任三十五师师长）李德生亲笔题写"南泉之战"四字。

1995年，南泉革命烈士陵园被市政府公布为重庆市市级文物保护单位，2019年被公布为市级爱国主义教育基地，2022年被公布为市级烈士纪念设施。

◆ 解放重庆历史陈列馆

在巴南区南温泉景区内，有一条步道掩映在密林之中，那就是建文步道。从入口步行约40分钟，可抵达建文峰半山腰，这里不仅可俯瞰南温泉，还有一座极具意义的遗址——解放重庆主战场遗址。

解放重庆历史陈列馆就位于该遗址旁，它由原景区服务点改建而成，展馆建筑面积236平方米，有上下两层。展览内容分为解

◆ 解放重庆历史陈列馆
南温泉旅游景区　供图

放重庆和中国人民解放军第二野战军军事政治大学两部分，共有展品235件，其中老照片142张、纸质件45件、实物48件。

陈列馆于2019年11月29日建成并对外开放。这是重庆市第一座反映重庆解放历史的陈列馆，还是一座无人值守的陈列馆。市民前来参观只需刷身份证及面部识别即可，馆内拥有AR智慧讲解等多种智能化科技系统，可帮助市民和游客身临其境地了解重庆解放的历史。

渡江战役胜利后，党中央即对解放西南地区作出了总体部署，明确指示以中国人民解放军第二野战军（以下简称"二野"）为主，在地方武装配合下，彻底消灭国民党在大陆的残余势力，粉碎蒋介石割据西南的阴谋。

1949年11月1日，按照党中央大迂回、大包围聚歼西南之敌的战略部署，在刘伯承、邓小平的统一指挥下，中国人民解放军第二野战军和第四野战军一部正式进军大西南，发起西南战役。在北起湖北巴东，南至贵州天柱的千里战线上，向国民党西南防线发起全面进攻，由此拉开了解放重庆的序幕。先行入川的解放军部队由二野第三兵团十一、十二军和配属于第三兵团的四野四十七军组成，我军攻势凌厉，势如破竹；敌军望风披靡，土崩瓦解。

11月7日，渝东南门户秀山解放。

11月8日至16日，酉阳、黔江、彭水相继解放。

11月18日至21日，人民解放军攻破乌江防线。

11月19日至21日，石柱、武隆相继解放。

11月22日至24日，白马山战斗胜利，打通了通往重庆的道路。

11月25日至27日，南川、綦江、江津解放，重庆门户洞开。

11月28日，涪陵解放。

11月26日至28日，南泉战斗展开，受到重创的国民党军队退出南泉。

11月29日，巴县、南岸、大渡口解放。

11月29—30日，中国人民解放军由江津、顺江场、李家沱、木洞镇等地强渡长江，一只只轮船分别开到南岸弹子石、海棠溪、铜元局等地接解放军过江。四十七军四二三团一营插向解放碑，二营插向小什字街；十一军三十一师九十三团经巴县过马王坪，抢占李家沱渡口，占领大坪，并接受了佛图关国民党国防部警卫第二团一千六百余人缴械投降；十一军三十二师九十五团从重庆南岸的铜元局渡口渡过长江。重庆城区解放。

而与此同时，1949年11月30日凌晨，蒋介石在重庆白市驿机场专机上度过了惊慌的一夜后飞逃成都，刚起飞26分钟，解放军就占领了机场。奉命死守重庆的卫戍司令部司令杨森，也在同日早上离开重庆。

留守重庆的中共川东特委们也在积极行动，他们一方面利用策反过来的一个师的兵力和部分警察人员维持市内秩序，一方面安排人员接管重要的工厂，紧急与各界人士会商，欢迎解放军代表团入城。

12月1日，璧山解放。

12月2日至8日，巫山、北碚、铜梁、长寿、奉节、合川、丰都、永川、云阳、忠县、垫江、梁平、荣昌、万县、开县、潼南解放。

12月12至13日，城口、大足解放。

12月14日，巫溪解放。至此，重庆全境解放。

在解放重庆的战役中，有几个著名的战斗值得一提，如武隆白马山战斗。白马山位于武隆县城西南，东北面是险峻的山峰，下有乌江天险，是拱卫重庆外围的最后一道屏障。宋希濂在白马山部署了五道防线，妄图凭借其易守难攻之势阻止人民解放军前进。蒋介石还飞抵重庆坐镇指挥，并让长子蒋经国到前线"督励"宋希濂。白马山战斗从11月22日开始至24日下午结束，以解放军赢得胜利而画上圆满句号。此战共击毙国民党军三千多人、俘虏一万多人、攻占弹药库一座并缴获数以万计的枪支弹药，为解放重庆及全川打开了通道。

南泉群山交错、地势险要，是重庆江南的一道天然屏障，是南川直达重庆的必经之路。因此，国民党视南泉为据守重庆"江南防线"的战略要地，部署重兵把守。1949年11月25日，人民解放军第二野战军三十五师一〇三团在副政委苗新华、副团长吴颜生的带领下，由南川神童坝抄山路飞赴南泉进入重庆，26日下午与国民党军队展开激烈的战斗。激战中我军先后占领了虎啸口、建文峰。28日晚11时许，参战部队接到上级下达的撤出战斗的命令，战斗至此结束。南泉战斗历时56个小时，一百多名战士光荣牺牲，是解放重庆城区外围发生的时间最长也是最激烈的一次战斗，重创了国民党军队构筑的"江南防线"，为主力部队大迂回、大包围重庆赢得了时间。

　　光阴荏苒，那段历史的硝烟已然散去，新时代的使命任重道远，让人民生活得更幸福一直是中国共产党人的追求。

长寿区

◆ 杨克明故居

长寿地处重庆腹心，河流如网，人寿如山，山水生辉，人文多彩，是重庆的水陆交通枢纽。长寿云集镇青丰村二组李家湾，整个村子依坡而建，青瓦白墙，别具特色。其中一座四柱三间配有两个厢房的川东民居，便是中国工农红军高级将领杨克明的故居。

杨克明曾先后任红四方面军第三十三军政委、川陕省工农民主政府内务部干事、红军西路军军政委员会委员、红五军政治部主任等职。杨克明短暂的一生，是为革命奉献的一生，是舍"小家"顾"大家"的一生。

杨克明，本名陶树臣、陶正，化名洪涛，1905年2月15日出生于一个贫苦农民家庭。杨克明7岁时，在云集镇下庙私塾读书，后在江家小学读高小，后又去涪陵县城省立第四中学读书。在涪陵省立四中，杨克明受到进步思想影响，参加了学生运动，并先后加入共青团和共产党。毕业后，杨克明回到家乡，与魏俊淑结为夫妻。不久，杨克明告别妻子，去丰都县城、高镇等地以教书为掩护，从事党的地下活动。此后直到牺牲，杨克明再也没有回过老家。

1929年，杨克明受中共四川省委军委派遣在涪陵、丰都、石柱等县组织农民起义，开展武装斗争。

1930年4月，四川红军第二路游击队在涪陵罗云场正式成立，后转战多地。杨克明奉中共涪陵县委指示，携带大量医药和枪弹劳军慰问，并留在队伍中。杨克明后升任二路红军游击队二大队一中队队长。

1930年4月底，二路红军游击队来到丰都、石柱交界处，在中共三根树党支部领导的农民赤卫队密切配合下，攻下了栗子寨。他们以此为依托，打土豪、分田地，宣传土地革命政策，在太坪坝、坝周坝、黎地坪、回龙场等地创建了苏维埃红色政权。

1930年冬，杨克明受党的派遣，到四川营山县农村秘密开展革命斗争。他化装成一个生意人，人称"杨布客"，出没于营山安化场等地，使安化周围的绿水、安固、双河、消水、柏林、骆市等村镇农协会相继恢复建立起来。1931年夏，杨克明任开江广福乡支部监委，参加组建川东游击军第二支队。

1932年夏，杨克明任梁（山）达（县）中心县委书记，领导宣汉、万源、开江、梁山等县的革命工作。在他的努力下，达县很快建立了由他兼任书记的党的特别支部，宣汉等地党的组织也相继恢复建立。杨克明还非常重视党的思想建设，自编自刻了秘密油印刊物《战鼓》作为中心县委的机关刊物，宣传共产主义，及时传达党的方针政策，指导川东游击军的斗争。

川东游击军与红四方面军胜利会师后，杨克明在达县的几个乡里几天就组织了几千人参加游击队，使整个川东地区在不到十天时间武装起来的游击队达三万余人。红四方面军总部决定，将川东游击军改编为中国工农红军第三十三军。

1933年11月2日，中国工农红军第三十三军成立，王维舟任军长，杨克明任政委。1934年4月，在反"六路围攻"作战中，红三十三军在万源罗文坝、长坝一带负责万源方向涌泉寺的防御任务。战斗结束后，杨克明被张国焘撤去红三十三军政委职务，调任川陕省工农民主政府内务部干事，不久，又任中国工农红军三十三军补充师政委和独立师师长。

1936年1月，中国工农红军三十三军与红五军团合编为中国工农红军第五军，董振堂任军长，杨克明任军政治部主任。红军三大主力会师以后，党中央将红五军、九军、三十军组成西路军，西渡黄河，转战河西走廊地区。

1937年元旦拂晓，董振堂、杨克明率领红五军三千余人，一举攻占甘肃省高台县城。此时，红五军一部分和九军、三十军分驻于临泽县城东南之沙河堡、倪家营子等地，高台县与主力部队距离较远。正当我军发动群众、组织抗日武装、庆祝高台解放的时候，马彪、马步青、韩起禄等乘我高台守军力量薄弱，纠集二万余反动势力，对高台县城进行层层包围。1月12日，敌人以约五个旅的兵力，在飞机大炮的配合下，对高台发起攻击。杨克明、董振堂镇定自若，认真组织防守，与敌在城外激战七昼夜，在与数量占绝对优势和拥有精良武器的敌人的激战中，伤亡较大，弹药消耗严重，被迫退入城内坚守。

◆ 杨克明故居
长寿区民政局　供图

　　1月20日，敌军全力攻城，血战十余小时，高台陷落。杨克明、董振堂以及十三师师长叶崇林等红五军将士三千余人浴血奋战，除少数冲出重围绝处逢生外，大部分壮烈牺牲，年仅32岁的杨克明也献出了宝贵的生命。马步芳、马步青还惨无人道地将杨克明、董振堂、叶崇林等红军将领的头颅割下来悬首示众，不让收尸，残忍至极。

　　解放后，为纪念高台死难红军烈士、教育后代，当地政府修建了红军烈士纪念馆，还专门为杨克明、董振堂等修建了纪念碑。1983年8月，当年任红三十三军师长的王波同志专程到高台烈士纪念馆痛悼忠魂，写下了《哭高台》："河西走廊觅故人，昔日红军何处寻？一片黄沙埋铁骨，高台陵寝哭忠魂。"也正是在此次行程中，王波同志得知杨克明的革命烈士证书在纪念馆里存放了三十多年竟无人领取，后经数个省、市联合查找，终于在贵阳找到了杨克明烈士的儿子陶森林和苦盼丈夫五十多年的妻子魏俊淑。

收到了杨克明的烈士证书后，1985年8月，七十多岁的魏俊淑老人来到杨克明烈士的墓前，一句"树臣，我等了你五十多年啊！我们看你来了……"，悲戚的泪水，无言的诉说，在亲情和革命事业的选择上，有人用生命作了最好的注释。

江津区

◆ 聂荣臻元帅陈列馆

聂荣臻元帅陈列馆位于江津城区，由江泽民同志亲笔题写馆名，1999年11月建成开馆，是全国爱国主义教育示范基地、国家国防教育示范基地、全国科普教育基地、全国社会科学普及教育基地、全国关心下一代党史国史教育基地、全国首批党性教育基地网上展馆、国家二级博物馆、国家4A级旅游景区、全国家庭教育创新实践基地、川渝青少年思想政治教育基地。

陈列馆占地350亩，建筑面积10000平方米，馆区由生平事迹展馆、兵器广场、铜像广场、绿化园区等组成。陈列馆主馆采用碑馆合一的建筑构思，整体造型简洁明快、庄严雄伟。主馆正中高高耸立的碑体，酷似一枚待发升空的火箭，碑体顶端托起一颗卫星，象征着聂荣臻为中国革命和新中国科技事业建立的不朽功勋。

馆区绿化面积近40000平方米，终年树木苍翠，鲜花吐蕊，空气清新，近30亩湖面波光粼粼，环境幽雅，景色宜人，独具特色。

镶嵌其中的"铁木园""枫叶园""樱花园""松柏园"让游客在领略风光中感受聂荣臻崇高的革命精神和博大情怀。6000平方米的广场分为兵器广场和铜像广场。兵器广场展示着战斗机、导弹、大炮等多种重型兵器，铜像广场安放着中央军委赠送的聂帅铜像。铜像连基座高7米，寓意着聂荣臻元帅70年革命生涯，基座上镌刻着江泽民总书记题写的"聂荣臻元帅"五个金色大字。广场两侧是两组大型汉白玉浮雕，分别反映抗日模范根据地——晋察冀边区——的创建和"两弹一星"的成功研制。

拾级而上，进入3700平方米的聂荣臻元帅生平事迹展览厅。整个展厅气势恢弘，布展流畅，科技含量高，现代气息浓。3000多件珍贵文物、图片、文献资料为主线的展览，辅以雕塑、油画等艺术作品和互动演示屏、口述史微记录等多维展示，生动再现了聂荣臻光辉的一生。

聂荣臻元帅陈列馆主体建筑原名"石院子"，坐落在江津区吴滩镇郎家村。故居占地面积5630平方米，其中建筑面积607平方米。聂荣臻元帅陈列馆为川东民居风貌，土木构造，青瓦屋面，宁静古朴。故居现有房屋17间按原貌进行复原，其中6间恢复为生活场景、4间房屋作为陈列室。陈列展览内容分为"少年立志图报国""耕读传家济世长""最是亲情乡情间"三部分，主要展示聂荣臻青少年时期发奋读书、立志报国的事迹和晚年时期对故乡的牵挂。

聂荣臻（1899—1992），字福骈，重庆市江津区（原四川省江津县）吴滩镇人。1923年春加入中国共产党，1924年到苏联学习。新中国成立后，曾任中国人民解放军代总参谋长，国务院副总理兼国家科委主任、国防科委主任，中央军委副主席，中国老龄问题全国委员会名誉主任等。1955年被授予中华人民共和国元帅军衔和一级八一勋章、一级独立自由勋章、一级解放勋章。

聂荣臻8岁入私塾接受启蒙，14岁进入新式学堂读书。1917年夏天，聂荣臻以优异成绩考入江津县立中学（今江津中学）。聂荣臻聪明好学，从达尔文的《进化论》、赫胥黎的《天演论》和进步杂志《新青年》中吸取政治营养，渐渐地，聂荣臻的思想发生了变化，由一个求知少年逐渐转变为具有强烈爱国心的热血青年。他的老师曾夸赞他"资赋不凡，终非池中之物"。

聂荣臻在法国留学期间开始接触马克思列宁主义，思想开始转变，从渴望"实业救国"到参加中国共产党，成为一位职业革命家，走上了社会主义救中国的革命道路。

聂荣臻先后在法国、比利时和苏联学习，五年后回国，到黄埔军校任政治部秘书兼政治教官。"中山舰事件"以后，聂荣臻离开黄埔军校。1926年7月任广东区委党委军委特派员。但聂荣臻仍利用各种机会在黄埔军校和国民革命军中开展工作，在周恩来的领导下，及时向共产党员传达党的方针、政策，为北伐作准备。

1927年7月中旬，聂荣臻被指定为中共前敌军委书记，先后组织参与了南昌起义和广州起义。1928年，聂荣臻任中共广东省军委书记、省委常委，在总结广州起义的经验教训时，聂荣臻看到了军事技术人才的缺乏是广州起义的一个重要缺点，指出："以后每个党员都应该学习军事技术，并须注意培养一批军事技术人才。"显示了他在军事方面的远见卓识。

遵义会议后，在毛泽东领导下，聂荣臻与林彪率部四渡赤水，巧渡金沙江，摆脱了敌军重兵的围追堵截。1935年9月，聂荣臻同林彪指挥红一军向腊子口发起攻击，率领红二师第四团攻占天险腊子口后，乘胜占领哈达铺，为红军打开了北上通道。在哈达铺，聂荣臻偶然从国民党《山西日报》上获悉陕北有一个根据地，并把这一天大的喜讯急告毛泽东。毛泽东决定挺进陕北。1935年10月，聂荣臻与林彪率部进入陕北吴起镇，至此，历时一年、行程二万五千里的中央红军长征宣告胜利结束。

全民族抗战爆发后，聂荣臻先后任八路军第一一五师副师长、政治委员。在忻口会战中，与林彪共同指挥了平型关战役，歼灭日军坂垣师团一部一千余人，缴获步枪一千余支、机枪二十余挺，击毁汽车一百多辆、马车二百余辆，这是全民族抗战爆发后中国军队主动对日作战取得的第一个重大胜利，打破了日军"不可战胜"的神话，为中国共产党和八路军赢得了国际舆论的称赞和好评。1939年11月，聂荣臻指挥所部取得了雁宿崖、黄土岭围歼战的胜利，在雁宿崖歼灭日军一千五百多人，并在黄土岭战役中与杨成武率部击毙被日军誉为"名将之花"的独立混成第二旅团旅团长阿部规秀中将。

1949年，林彪、罗荣桓、聂荣臻组成平津战役总前委，统一领导与指挥东北野战军与华北军区部队并肩作战。聂荣臻分析局势，认为北平具备和平解放的条件，认为北平这座历史名城若能完好无损地接管过来，于国于民都有利。天津解放后，聂荣臻与林彪等一起同傅作义成功地进行了和平谈判，北平这座历史古城得以保全。

新中国成立后，聂荣臻受命领导研制"两弹一星"的任务。

◆ 聂荣臻元帅陈列馆
江津区聂荣臻元帅陈列馆 供图

他积极组建导弹研究院和核武器、飞机、舰船、电子设备、人造卫星以及其他兵器的研究机构、试验基地和国防科技高等院校。同时，他还采取"将全国的科技力量相对集中、形成拳头，进行突破"的战略措施，使科技战线取得一次次突破性成就。在苏联单方面撕毁中苏《国防新技术协定》后，组织科技人员刻苦攻关，终于在1964年10月16日，我国第一颗原子弹成功爆炸，有力打破了当时超级大国的核垄断和核讹诈，极大地提高了我国的国际地位。

为了减少"文化大革命"对国防尖端科研项目的冲击，1967年3月，聂荣臻建议将各国防科研院所，以及中国科学院承担国防科研任务的研究机构，由国防科委实行军事接管。

　　这个重要建议得到毛主席的批准，正是这个决定，使我国的卫星研制工作在混乱的年代得以坚持下来。1970年4月24日，我国成功发射第一颗人造地球卫星。

　　粉碎"四人帮"后，在中共第十一次全国人大代表大会上，聂荣臻当选为中央政治局委员、任中央军委副主席，随后当选为全国人大常委会副委员长。此时，他虽年近80岁，但仍积极投身到社会主义建设事业中。尤其是在党的十一届三中全会后，他认真执行党在新时期的基本路线，关心党、国家和军队的各项建设事业，心系国家安危，关心祖国统一，提出了许多中肯意见和建议。

　　聂荣臻元帅的一生是为党和国家殚精竭虑、呕心沥血的一生，也是艰苦朴素、清正廉洁的一生。展馆里停放的这辆红旗轿车，是1966年按国家规定，给聂帅配备的。他曾告诫家人：汽车是国家配给的，只能用于公事，私事不要动用专车。他的夫人张瑞华在中央组织部门工作，单位离家较远，但无论刮风下雨，上下班总是和普通市民一样乘坐班车。当时北京的公共汽车相当拥挤，上下班时更是高峰期，有一次竟被乘客挤倒。秘书知道了，想给夫人一点方便，让司机接送。聂帅知道后坚决反对，并严格要求亲人不准搞特殊化。一位大革命时期就出生入死的杰出女性，为革命工作用一下汽车，这完全在情理允许的范围之内。可聂帅总是坚持公事公办，不搞特殊化，夫人张瑞华思想觉悟很高，不以元帅夫人自居，自觉遵守纪律从不动用老帅专车。聂帅只有一个外孙女——聂菲，聂帅十分疼爱，可在用车方面，聂帅对小外孙

聂荣臻元帅陈列馆

女也从不迁就。即使在星期天，小外孙女想到颐和园去玩玩，老帅也叫家人乘公共汽车去。他慈祥地对外孙女说："这辆轿车是国家配给爷爷的，你小小年纪，对国家没有作出贡献，你不能乘坐这辆车。"由于聂帅严格要求，聂菲从小一年四季都是步行上学，从不用车接送。

聂帅清廉自律，严格要求自己的崇高品德，为全党全国人民树立了一个光辉的榜样。

合川区

◆ 陶行知先生纪念馆

重庆陶行知先生纪念馆坐落于合川区草街街道凤凰山上,依托全国重点文物保护单位育才学校旧址而修建,总占地面积14550平方米,建筑面积6950平方米,由陈列馆、育才学校旧址、逸少斋、碑亭、周子池等构成,是重庆市爱国主义教育基地、廉政教育示范基地及中国民主同盟传统教育基地。

陈列馆于2006年3月竣工,2009年5月正式免费对外开放。建筑面积2930平方米,展陈面积1050平方米,由六个陈列展厅和一个综合办公区构成。六个展厅展示了陶行知先生的生平、育才学校校史,以及党和国家领导人、中外名人对陶行知先生的评价、题词等。

在陈列馆广场边,六百平方米的荷花池塘被陶行知命名为周子池,以纪念宋代理学大师周敦颐(濂溪先生)。为此,陶先生还写下了一首《荷叶歌舞》,以"但开君子花,留芳千万年""出生污泥,污泥不能染"的歌词来教育学生。

逸少斋遗址面积215平方米，是当年陶行知先生的住所，也是会客和接待贵客的地方。当年的逸少斋是一栋非常简陋的三间土墙茅草房。但是来逸少斋的人却一个个名头响亮，周恩来同邓颖超曾经下榻逸少斋，叶剑英、董必武、吴玉章等也曾造访。周恩来和邓颖超还为学生题词"一代胜似一代""未来是属于孩子们的"。

在逸少斋与陈列馆之间，有一座占地760平方米的四合院回廊式建筑——碑亭。

走进四合院，四面墙壁上镶嵌着一块块汉白玉碑记，其中有毛泽东、周恩来、朱德等老一辈无产阶级革命家对陶行知先生及育才学校师生的怀念与高度评价，有于右任、冯玉祥、宋庆龄等历史名人对陶行知先生及生活教育的充分肯定，有陶行知先生关

◆ 陶行知先生纪念馆
　　蒋继全　摄

于生活教育的办学理念与人生追求，还有育才学校革命烈士简介。整个碑亭就是一部育才学校的办学史诗与精神颂歌！

育才学校旧址占地面积4390平方米，建筑面积2419平方米，是全国重点文物保护单位。1939年，陶行知先生租用凤凰山上的古圣寺创办了育才学校。古圣寺原名虎声寺，始建于明隆庆年间（1567—1572），清康熙四十九年（1710）重建。因重建过程中发掘出明隆庆年间的"洪钟"与"残碣"，从而推断出寺庙的最初修建年代，并将其命名为古圣寺。

当年，育才学校得到了中共中央南方局和周恩来以及卢作孚、卢子英兄弟的大力支持。育才学校招收的学生，大多是战时难童、烈士后代和学校附近的农家子弟。陶行知亲任校长，下设校务部、指导部和研究部。开设有文学、音乐、绘画、社会科学、自然科学、舞蹈及戏剧七个学科。育才学校的办学宗旨是"教导学生团结起来，做追求真理的小学生；自觉觉人的小先生；手脑双挥的小工人；反抗侵略的小战士"。学校从中国革命实际出发，大胆实施生活教育、民主教育，让生产生活劳动、勤劳俭学融为一体，使学生在生活教育中出真知、长才干。从学校性质上看，育才学校是一个实验性质的学校，育才学校不是培养小专家、不是培养人上人、不是丢掉普及教育而来干特殊的教育。

育才学校设普修、特修两种课程。普修课是基础文化课，占全部学时的四分之三；特修课是专业课，占全部学时的四分之一。在办学过程中，学校先后邀请了任光、贺绿汀、章泯、戴爱莲、陈烟桥、孙铭勋、艾青等名家专职任教，翦伯赞、田汉、何其芳、邓初民、周谷城、秦邦宪、萨空了、姚雪垠、黎国荃等专家学者曾前来短期兼课或讲学。同时还开办了"林间课堂",特邀郭沫若、夏衍、曹靖华、刘白羽、周而复、周扬、邵荃麟、艾芜、戈宝权、沙汀、程今吾等来校演讲。周恩来、吴玉章、邓颖超等中共中央南方局领导也曾到古圣寺指导工作,并向广大师生宣传革命道理,为中国的革命培养和输送了大批人才。

  当时的育才学校,有两个平行的中共党支部。一个支部直接受中共中央南方局文化委员会领导,另一个支部属中共北碚中心县委领导。1941年1月,育才学校两个党支部合并为一个党支部,由廖意林任党支部书记。凤凰山上的古圣寺又被称为大后方的"小延安",源源不断培养出大批德才兼备、志向远大的热血青年。他们有的奔赴烽火连天的抗日战场,有的冲破重重封锁到了革命圣地延安,有的从事党的地下工作和武装斗争,为民族独立、人民解放和国家建设作出了不可磨灭的贡献,涌现出了王昶新、徐永培、陈尧楷、易元琪、胡芳玉等革命烈士,令世代铭记、缅怀!

永川区

◆ 五间镇新建烈士陵园

五间镇隶属于重庆市永川区，地处永川南部。明初兴市，初期市场只有五间铺子，故称五间铺。清代形成场镇，距今约有七百年历史。是举世闻名的"永川龙"发掘地，有永川八景之一的"圣水十二殿"。

新建烈士陵园始建于1950年4月，占地约1200平方米，四周砌有围墙，墙体由方砖砌成，墙顶由琉璃瓦装饰。陵园内共安葬了参与解放太平寨、石宝寨以及周边剿匪、征粮等任务而牺牲的革命烈士63名。

1949年12月4日，永川和平解放，但在除旧布新之际，不甘心失败的国民党残余反动势力开始疯狂反扑，勾结土匪流氓，严重扰乱社会治安，威胁着新生的人民政权。来苏土匪暴乱，郭德保副区长和解放军战士7人遇害，3人受重伤。1950年初，副区长尹承芙主持召开征粮工作时，被乔装打扮的土匪残忍杀害。开展剿匪反霸成为新生人民政权的首要任务。

永川解放后，仙龙乡大地主潘克修伙同匪首罗万才盘踞在石宝寨，妄图凭借山寨险要负隅顽抗。石宝寨修建于清代同治元年，建造在一块由东往西绵延的大石坝上，是一座由石块垒砌而成的山寨。

1950年3月28日，解放军战士向寨内政治喊话无果，双方便展开了一场激烈的攻防战。战斗从10点持续到下午5点左右，解放军用迫击炮高密度轰炸，在强大火力的掩护下，解放军战士成功登上寨墙。将匪首罗万才、大地主潘克修当场击毙。在这次剿匪战斗中，解放军战士汤凯、郑桂林和一无名战士3人光荣牺牲，烈士们先安葬于石宝寨，后迁葬到五间镇新建烈士陵园。

◆ 五间镇新建烈士陵园
张吉林　摄

太平寨位于五间镇圣水，始建于清道光末年，完建于咸丰三年。青石条砌成的寨墙，高达三四丈，三面有3丈来宽的护城河，里面有4个堰塘，并有4座吊桥，紧紧卡住东西南北4大寨门。太平寨建成之后，一直是几大家族和四周百姓聚居之所，人们在寨内安居乐业，渐渐形成了小集镇。又因为太平寨修得坚固结实，西面临峭壁，成了人们躲避战乱的理想之地。当寨门关上后，只能用吊绳进出。

20世纪40年代末，喻家坡寨内除了有百货商店、食店、学校外，鸦片馆、赌场一应俱全，又是百日场镇，天天赶场，比周边的场镇还热闹。寨子里居住的人员也非常复杂，形形色色。但由于寨规严明，大家都能和平相处。然而，在永川解放初期，太平寨却成了敌特匪首盘踞的窝点，匪首陈鹤鸣与当地特务恶霸互相勾结，盘踞寨内，负隅顽抗。

1950年3月29日，解放军三十五师一〇三团"老虎连"在武志江连长的带领下来到喻家坡太平寨。"老虎连"先对陈鹤鸣匪众发动政治攻势，希望残匪能认清形势缴械投降，改过自新。殊不知匪众拒不接受，反而从城墙上放下来几袋大米和一封书信，意思就是他们不缺吃的，要坚守到底。

"老虎连"只有搭云梯强攻，八排排长石勇生带着第一个登寨小组登上云梯。刚一上去，土匪的大炮、石灰瓶、乱石一齐倾下来，梯子断了，人也摔了下来，当场牺牲了好多名战士。太平寨的弱点在哪里呢？连长武志江仔细查看地形，在当地乡亲的指引下，终于找到了寨子的薄弱环节——寨子的南角。于是解放军从那里发起了猛烈的进攻，用大炮猛烈轰击打开一个缺口。随后解放军冲进寨内肃清了这股负隅顽抗的土匪，太平寨重新恢复了平静。

在喻家坡激战中，一共有卢淮南等17名干部战士献出了宝贵的生命。牺牲的战士均安葬于新建烈士陵园内，它所在的位置正是当年进攻喻家坡太平寨的突破口处。

如今的五间镇已是永川精品农业的发源地、重庆市美丽宜居示范镇。而新建烈士陵园则成为了重庆市永川革命遗址遗迹保护单位，永川区爱国主义教育基地。

南川区

◆ 中共合溪特支旧址

合溪镇地处南川区南部,东南与贵州省正安县新洲镇相邻,西南与贵州省桐梓县芭蕉镇交界,西北与南川区德隆镇接壤,东北与南川区古花镇毗邻。合溪镇政府驻地距南川城区78千米。

合溪因九条小溪在境内次第合流而得名"合九溪",清光绪末年建场,名为"合溪场",先后属南川县元合乡、德隆乡。1929年(民国二十八年)设合溪乡,合溪正式成为政区名称。解放后沿用。1992年,撤乡设镇改为"合溪镇"。

合溪镇境内多山,属于金佛山南麓,山峦起伏,沟壑纵横,地势险要,自然和人文资源丰富,民风淳朴,自古为川黔交通要道,是古时黔北入川(渝)大道的必经之地。土地革命战争时期,合溪就有党组织活动,具有较好的革命群众基础,是川黔边革命据点。

中共合溪特支旧址位于南川合溪中心小学校,是南川区爱国主义教育基地。合溪的红色景点还有奚成烈士墓、奚成广场、奚成图书馆、红五星校门、奚成故居等。

中共合溪特支从1942年2月成立到1945年夏停止活动，短短的三年多时间，对落实中共南方局隐蔽精干、积蓄力量、长期埋伏、以待时机的"十六字方针"和勤学习、勤工作、勤交友、社会化、职业化、合法化的"三勤三化"原则，领导南川乃至川黔边党的革命活动，起到了重要的作用。

中共合溪特支的成立有着特定的革命历史背景和使命，也和南川籍革命烈士韦奚成有很大的关系。

韦奚成（1890—1942），原名韦继端，1890年七月十四日（农历）出生于南川元合乡合溪场（今南川合溪镇）郭家沟半边田。他先后在南川县立高等小学、重庆体育学堂、重庆府中学堂读书，加入同盟会，参加辛亥革命；后在革命党人熊克武创办的蜀军随营学校学习，结识了刘伯承。结业后，韦奚成在熊克武部任排长，参加了"二次革命"。"二次革命"失败后，韦奚成回到家乡继续开展反袁活动。1915年7月，护国战争爆发，韦奚成和刘伯承在涪陵组建"川东护国军"。1917年，韦奚成参加孙中山领导的"护法战争"。1922年，韦奚成在川军第二混成旅第一团（刘伯承任团长）任营长，驻防万县。1923年12月4日，韦奚成与吴佩孚部在垫江石院子激战中右腿负伤，伤后留下后遗症。1925年，韦奚成结识了共产党人杨闇公、吴玉章等。1926年夏，韦奚成加入中国共产党，并受杨闇公派遣回南川开展地方农民运动，相机改造地方民团，掌握革命武装。回南川后，任中共南川支部委员、南川东西北联团干部学校军事政治部主任。1927年1月5日，为了呼应刘伯承领导的泸顺起义，参与组织领导六千多农民武装攻打南川县城。这是南川第一次农民武装暴动，被誉为"川东春雷"。暴动失败后，韦奚成两次入狱，获救后在南川、涪陵、重庆、犍为、云阳等地从事革命活动。1938年后先后任云阳县委组织委员、县委书记。1941年初返回南川合溪，筹建合溪特支。1942年5月，积劳成疾，在合溪病逝。

1941年1月皖南事变后，为应对国民党反动派不断掀起的反共摩擦，中共南方局让一部分党员撤离重庆，转移至农村，并在有条件的地方建立革命工作据点。为了保护党的组织和人员安全，根据中共南方局隐蔽精干的方针，南川特支成员分散撤离南川，中共南川特支停止活动。早在1940年5月，南川籍革命活动人士、中共党员韦奚成由于在云阳身份暴露，撤回重庆，并通过川东特委书记肖泽宽向南方局建议，在其家乡南川合溪开辟川黔革命据点，建立党的组织。这一建议得到了南方局的批准。

1941年1月，已身患重病的韦奚成率领曾玉石（季翘）、郑华（友笃）等党员，以响应合溪国民初级小学校长韦明芳请求办学的名义回到合溪，开展革命活动，筹建党的组织，开辟川黔边革命据点。他捐出自家6方木材，动员地方绅士捐献田产4亩，修整合溪小学教室，购置设备，建成了合溪高级小学校，并通过开明绅士韦萃廷和上层统战关系，出任合溪乡乡长兼合溪乡小学校长，迅速打开了工作局面。1942年春，党通过温凯廷带领中共党员张琼英、石俊民（石仲达）和八路军回地方寻找组织的战士魏佐才、郑信芳到合溪小学任教，合溪成为党开展工作的重要阵地。建立党的组织的条件已经成熟，经南方局批准，1942年2月，合溪特支正式成立，由温凯廷任书记，直属南方局和川东特委双重领导，后又改隶綦南工委领导。合溪特支担负起渝南黔北地区革命工作的领导、联络、组织、管理任务，除了领导南川地方革命工作外，同时在贵州正安、道真、绥阳、桐梓等地广泛宣传党的主张，发展了一批党员，巩固发展了黔边革命根据地。

1942年3月，韦奚成病危。为了稳定党的活动据点，韦奚成临终前以乡长名义召集保长、保代表开会，提议由民主人士韦萃廷当乡长，温凯廷当副乡长，张琼英任合溪小学校长。呈文以合溪乡民代表会名义呈报南川县政府，并获得县政府批准，为我党建立川黔边区合溪活动据点创造了有利条件。

3月10日，韦奚成病故后，亲人遵其遗嘱，将家中藏书全部赠与合溪小学。温凯廷、石俊民、张琼英等利用这些图书创立奚成图书馆，以资纪念。

1943年6月，因温凯廷、张琼英等身份暴露，綦南工委书记李治平转达上级"暂缓以金佛山为中心建立根据地工作，中共合溪特支人员分批转移至黔北，接受新的任务"的指示，温凯廷、张琼英、李培根、代克宇、石俊民、魏佐才等党员分批先后于1943年底和1944年初撤离合溪，到达贵州省绥阳、正安、桐梓等地接受新任务。

温凯廷、李培根等撤离合溪后，合溪特支工作暂时中断，1945年春，上级党组织派遣牟克波到合溪任合溪特支书记；1945年夏，牟克波受命撤离合溪赴黔北。至此，合溪特支圆满完成皖南事变后南方局作出的"隐蔽精干、长期埋伏、积蓄力量、以待时机"的使命任务，合溪的精英全部得到保护并安全转移，合溪特支使命结束。

◆ **中共合溪特支旧址**
　　南川区合溪镇人民政府　供图

　　1946年1月，经綦南工委决定，建立中共南川县委，南川地区再次恢复了党的组织，李治平任书记。南川县委在合溪成立中共南川东路区委（即合溪区委）。此时的合溪区委归属南川县委领导，不同于中共合溪特支。

　　1945年，最后一批人员撤离合溪前，在奚成图书馆屋脊正中雕塑了一个五星图案。1948年5月，中共合溪区委副书记谭振武把红五星图案移到合溪小学校门上方，后被国民党合溪乡政府用石灰粉予以覆盖，南川解放后，合溪人民铲去石灰，红五星重现天日。如今，合溪小学校门虽几经修缮，但鲜红的五星始终伫立于校门上方，成了合溪红色景点的一部分。

綦江区

◆ 王良故居

王良故居位于重庆市綦江区永城镇中华村三槐坝。故居始建于嘉庆十年（1805），四合院布局，面积约1200平方米，一楼一底，坐东朝西，背靠凤冠山，面朝老瀛山，是典型的川东穿斗式建筑。

王良（1905—1932），字傅良，又名化陔，重庆市綦江区人。1917年考入重庆英华中学，1924年秋考入上海持志大学。王良受其叔父王奇岳的教育和影响，开始接触共产主义思想。遗憾的是，1935年5月，时任中共闽浙皖赣省委秘书长的王奇岳在赣东北苏区的磨盘山战斗中牺牲。

1926年9月，王良考入黄埔军校，成绩优异。1927年8月，王良加入中国共产党，并随黄埔军校被编入国民革命军第二方面军军事教导团。

"四一二"反革命政变后，王良参加了毛泽东领导的湘赣边界秋收起义，参与创建井冈山革命根据地。三湾改编之后，王良由

◆ 王良故居
　綦江区民政局　供图

见习参谋升任中国工农革命军第一师第一团三营九连连长。第二年，朱德陈毅率湘南起义的队伍上井冈山，两支队伍会师后合编为中国工农红军第四军，朱德担任首任军长，毛主席担任党代表，王良任十一师三十一团一营一连连长。

"黄洋界保卫战"是红军历史上著名的以少胜多的战役，是红军以两个连对国民党军一个师兵力的悬殊、不对称的战斗。但是王良和朱良才率领战士利用有利地形，相继打退了敌人的四次冲锋，红军士气高涨。王良及其担任连长的红三十一团一营一连，在黄洋界保卫战中的贡献是巨大的。毛泽东对黄洋界保卫战给予了很高的评价。

1929年1月，王良升任红四军二十八团一营营长。同年2月，改任第一纵队一支队长，奉命率部转战赣南，挺进闽西，先后参加了伏击大柏地、解放汀州、三克龙岩、攻克上杭等战斗，帮助闽西党组织和地方群众武装开辟农村革命根据地，打土豪、分田地、建立苏维埃政权。

1930年6月，王良任红四军第一纵队司令员。10月，第一纵队改编为第十师，王良任第十师师长。11月，蒋介石调集十万兵力，对中央根据地发动第一次"围剿"，红十师担任对龙冈西北之敌的攻击任务。王良率兵机智灵活地迂回插入敌军侧后，断其退路，然后再向敌军阵地发起猛攻。此战，王良的红十师同萧克、张赤男所率的红十二师一起，全歼敌十八师直属队和两个旅，俘敌九千余人，活捉敌前线总指挥张辉瓒，取得了第一次反"围剿"的首战胜利。毛泽东、朱德把缴获的张辉瓒的一块怀表送给了王良，王良激动地表示"我要戴着它到中国革命的最后胜利"。

在接下来的第二次反"围剿"中，王良率师参加富田大会战，取得歼敌一个师的胜利。在第三次反"围剿"中，王良挥师与兄弟部队协同作战，先后击溃蒋军上官支相、郝梦龄、毛炳文三个师。

1932年3月，王良被任命为红四军军长，罗瑞卿为政治委员。王良率领红四军向闽西出击，首取拷塘、龙门，收复闽西重镇龙石城，并同兄弟部队一起攻取了漳州城。这次战役，消灭了福建省国民党军张贞第四十九师主力四个团、俘敌一千六百余人，缴获枪炮二千三百余件、飞机两架。王良的军事才能在一次次战斗中得以展现。1932年6月13日，王良在率领红四军挥师赣南途中，遭敌阻击，他到前线观察敌情，不幸头部中弹。罗瑞卿急忙抱着王良撤退到隐蔽处。王良吃力地从口袋里掏出怀表和钢笔对罗瑞卿说："这表和钢笔留给你，你替我把它戴到胜利……"话音未落，便永远闭上了双眼。

将星陨落，天地同悲！王良牺牲时，年仅27岁。

1932年6月15日下午，毛泽东在江西会昌县永隆镇亲自主持召开王良将军追悼会，面对数千位根据地军民，毛泽东对王良的一生给予高度评价，称赞"王良是一个好干部"。在追悼会上，罗瑞卿沉痛地说："王良同志，我们一定要给你报仇！打倒反动派！"王良的牺牲，对党和红军是一个重大损失。

聂荣臻元帅在他的回忆录中写道："王良同志是个很好的同志，1927年参加秋收起义，一贯作战勇敢，待人热情诚恳，对他的牺牲，我们大家都感到非常痛惜。""王良是中国工农红军创建初期著名的军事指挥员。""他英勇善战，屡建功绩，军纪严明，秋毫无犯，在闽南群众中传为佳话。"

新中国成立后，罗瑞卿将王良将军的遗物上交党中央。记录着烈士光辉一生的怀表和钢笔，珍藏在中国人民革命军事博物馆，成为中国人民革命的历史见证。

2017年，当地政府开始对故居进行修缮，2019年故居正式对外开放。王良故居为重庆市优秀近现代建筑、重庆市文物保护单位、重庆市干部教育培训现场教学基地。

◆ 石壕红军烈士墓

石壕红军烈士墓位于綦江区石壕场附近的苗儿山山麓，山上树木葱茏，绿意盎然。烈士墓是为纪念1935年1月中国工农红军红一军团长征途经石壕时英勇牺牲的五名红军战士修建的。

红军烈士墓园大门两侧石门上是一副对联："先烈高风留千载；长征伟绩播九州。"墓前广场矗立着一座红军烈士纪念碑，碑上镌刻着聂荣臻元帅、杨成武将军、张爱萍将军、李文清将军、郝谦和杨超等人的题词。

红军烈士墓前是五位红军烈士的铜像：一位挂着枪背着大刀，神态严肃；一位扛着枪，目光炯炯凝视远方；一位背着包戴着斗笠，弯着腰在系鞋带；另两位搀扶着前行，在艰难地跋涉。雕塑重现了当年中央红军过綦江的情形。

红军长征经过綦江时牺牲了五名战士。这五位烈士，只知道其中一位是司务长，一位姓刘，一位姓洽，还有两位没有留下姓名。

1935年1月，中央政治局扩大会议在贵州遵义召开。会议前后，为创建黔北新苏区，构筑黔北防线，防止国民党部队从川南进军威胁遵义，红一军团八千多人，在林彪、聂荣臻、左权、朱瑞、罗瑞卿的率领下，越过娄山关，占领桐梓，向綦江方向推进，制造红军主力攻打重庆的态势。1月15日，红一军团一师二团于九龙山分别击溃贵州盐防军和川军刘湘的二十一军模范师三旅八团三营后，进驻綦江羊角，监视驻扎在九盘子一带的川军。1月21日，红一军团从松坎出发，经箭头垭（渝黔边境交界处二十多户人家的小街）、黑镜塘、滴水桥、两河口和麻沟垭，到达綦江石壕。22日，大部队从石壕出发折转贵州，最后在土城胜利渡过赤水河。此即"一渡赤水"。

部队开拔时留下一名司务长和两名战士善后。司务长在箭头垭场归还向群众借用的物件，用银元兑换战士购物时付给群众的苏区纸币。后他们被盐防军包围，寡不敌众，一死一伤。司务长掩护负伤战士突围后，落入盐防军之手。盐防军将司务长的挎包、饭盒、筷子、14块银元和苏区纸币尽数搜去，以"踩杠子""灌石灰水""烧烙"等酷刑，逼迫他交代红军行军路线、作战部署等。

司务长被折磨得遍体鳞伤，但始终未吐露半句。当晚，盐防军将司务长捆送到石壕境内的羊叉乡，吊在农民赵兴伍坝子边的桑树上。时值腊月，天气寒冷，晚上赵兴伍见被绑的红军司务长伤势严重，又饥又寒，就趁盐防军不备之际，舀碗饭喂给他吃，但司务长担心连累村民，一口都没吃。22日，盐防军将司务长押到茅坝坪小垭口杀害。司务长牺牲后，当地农民在原地将其掩埋。

另有两名红军烈士是在石壕梨园村漆树坪农民李树清家牺牲的重伤员，一名姓刘，一名姓洽。当年红军卫生队曾经住在农民李树清家。卫生队撤走时，留下江西籍刘、洽、夏姓（均名不详）和杨延河（瑞金县人）四名红军重伤员，委托李树清护理照顾。李树清担心尾随的军阀部队来搜查，不敢将他们安置在家里，就将他们移置在屋前山脚下的油岗嘴岩洞（红军洞）隐藏，但是因为没有更好的医疗手段，刘、洽两位红军伤员因伤势严重相继牺牲，李树清和同村的唐明兴将红军战士遗体掩埋于洞外。

还有两名红军烈士是因伤势过重而牺牲的伤员，一名死于李汉坝的周家店子道旁，由农民王昌培等就地掩埋；一名死于石壕兴隆村，由当地农民杨玉林等用其生前所带军毯包裹遗体，就地掩埋。

为了缅怀红军烈士，1964年石壕公社组织群众将埋葬在油岗

◆ 石壕红军烈士墓
 綦江区石壕镇人民政府 供图

嘴和周家店子的三位红军烈士遗骨迁葬在白果大队，修建了一座红军烈士墓。1966年，綦江县石壕区公所、羊叉乡政府发动群众砌石垒土，在司务长牺牲地修建了红军烈士纪念碑。1967年，石壕区武装部组织群众把埋葬在兴隆大队山疙瘩的红军烈士遗骨迁葬到白果树红军烈士墓内。

1976年至1983年间，石壕区公所组织群众在石壕苗儿山山麓修建了红军烈士墓和红军烈士纪念碑，先后将五位烈士的遗骸迁葬在红军烈士墓。

1991年，綦江县委、县政府发动社会各界筹集资金，对烈士墓进行整修，更名为石壕红军烈士墓，红军烈士纪念碑也更名为石壕红军烈士纪念碑，这就是石壕红军烈士墓的来历。今天这里是重庆市文物保护单位、爱国主义教育基地和国防教育基地，每年都会有很多人前来祭拜烈士，传承革命精神。

尽管这五名红军战士牺牲时甚至没有留下姓名，也不知道他们的家在哪里，但是，他们的英雄事迹将代代相传。这纪念碑分明就是一座丰碑，激励着人们向美好的生活努力奋斗！

◆ 红军洞

红军洞位于綦江石壕镇梨园村十组漆树坪山的一处斜坡上，三块大石头天然形成了一个不显眼的岩洞，以前当地人把它叫作油岗嘴岩洞。后来因为几名受伤的红军战士曾经在此养过伤，人们就把这里称为红军洞了。

1935年1月初，中央红军攻占黔北重镇遵义。为构筑黔北防线，红一军团继续向桐梓、綦江方向推进。1月15日，红一师二团进驻綦江羊角，扼守川黔交界的酒店垭关隘，监视驻扎在九盘子和酒店垭一带的川军和贵州盐防军的行动，保证了遵义会议的顺利召开。1月21日，红一军团大部队从贵州松坎出发进驻綦江石壕，拉开四渡赤水序幕。

红军进入綦江县境之前，当地乡保曾四处造谣"共产党来了要杀人放火""共产党要共产共妻"，妄图引起群众对红军的恐惧，煽动群众与红军对立的情绪。红军到达綦江羊角后，严格遵守三大纪律八项注意，在街上买东西付钱时，老百姓不收钱，红军就不要物。红军还把地主们的粮仓打开，把他们的谷子、腊肉、衣物等分给缺吃少穿的贫苦农民。红军不仅自带炊具、盐、米，在农民家借灶煮饭时，还自己挑水、劈柴。宿营在石壕街上时，红军把帐篷架设在街道和农家小院，并不随意进老百姓的屋。个别听信反动豪绅宣传跑出去躲避的群众听说红军好，也很快回到了家里。农民邓月明回家看到肥猪仍在圈里，十几只鸡也关在笼里，煮熟的饭菜原封不动摆在灶上，心里万分感动。一个姓朱的农民离开家时，慌乱中忘了抱走熟睡的婴儿，深夜回家，看见女红军正在给婴儿哼唱摇篮曲，心中有说不出的感激。农民们看到红军不像宣传的那样"杀人放火像强盗"，也慢慢放下戒备，主动接触红军，并力所能及地帮助红军。

1935年1月21日，红一师卫生队在石壕李汉坝漆树坪李树清家附近宿营。李树清见红军说话客气、态度和蔼，便把红军引进家门。

李树清和弟弟李春林抱来稻草，铺在地上让伤员休息。安顿好伤员后，红军战士主动帮李家挑水和打扫院子。饭后，红军干部拿出银元给李树清，说明是饭钱，可李家人坚决不收。红军干部便给他们讲三大纪律八项注意，讲不拿群众一针一线的纪律，劝李树清把钱收下，可他仍然坚持不收。憨厚的李树清笑着说："过路人找顿饭吃，不兴收钱。"

◆ 红军洞
綦江区石壕镇人民政府　供图

　　红军的行为，赢得了李树清一家的好感，他们连夜碾米、煮腊肉，准备第二天送给继续赶路的红军。碾米的时候，红军干部走来帮忙，与李家人拉家常。这一举动更让李树清觉得红军如自己的亲人一般亲切。次日凌晨，部队开拔。有四位红军重伤员无法跟随大部队前进，卫生队就将这几名伤员托付给李树清。四位伤员分别姓杨、夏、刘、洽（音）。为了安全，李树清一家于当日上午把四个伤员背到油岗嘴岩洞隐藏。

　　为保护红军伤员，李树清还被迫送出五担谷子。原来李树清将伤员安置在红军洞后没两天，返回石壕场的国民党地方武装开始挨家挨户搜查红军。这天，他们闯进了李树清家里。

　　"都给我搜仔细了！"突然，一双红军胶鞋被扔在李树清面前。

"快说！红军在哪？"

"冤枉呀，冤枉呀！我们可不敢私藏红军呀！"李树清的母亲连连给那些人磕头求情，但是地方武装人员不依不饶。情急之下，李树清送了这帮人五担谷子，才把他们打发走。当时，五担谷子不是小数目，李树清一家人辛苦一年才收获十多担谷子，其中一半多要交给地主。

因为害怕敌人再来，李树清不敢把伤员接回家。一家人便轮流给伤员送饭，送饭也小心谨慎，每次都把饭菜放在背篼里，再盖上草作掩护。

李树清的妹妹李学林当时只有11岁，她每次送饭时就把饭碗放在割草时背的背篓里，盖上草，装作割草的样子把饭送去。

她每次去送饭，红军伤员都很高兴，热情地称她"小妹妹"，还讲故事给她听。几个红军伤员都是外省人，最初交流时，李树清家里人都听不懂他们说的什么，时间长了，也就慢慢懂了。

由于岩洞潮湿，加之缺少药品，伤员病情愈加严重。其中姓刘、洽的两名红军伤员因伤口严重感染，不久就先后去世了。李树清把他们掩埋在油岗嘴岩洞前面。两三个月后，李树清和弟弟把其余两名伤员偷偷背回了家，为他们请了医生前来救治。在李家人的悉心照料下，姓夏的红军身体日渐好转终于可以下床行走，没过多久，他含泪告别了李家。

留在李树清家的最后一名伤员叫杨延河，1937年，伤好后的一天，他被国民党抓壮丁抓走了，以后就再也没有了消息。

几十年过去，曾经冒着生命危险照料红军伤员的李树清早已离开了人世。油岗嘴岩洞得到了乡民们的悉心保护，为纪念为革命牺牲的红军战士和那一段战争岁月里的军民情谊，这个岩洞被当地群众取名为"红军洞"，由石壕镇的村民们代代守护。

◆ 红军桥

"行到蜀南欲尽头，江边深处隐扁舟。不知孟获巢何处，料无烟芜避武侯。"这首《夜郎溪》是明代三大才子之首的杨慎路过綦江时所作。在杨慎诗中，幽幽的綦江水和一艘停泊在江中的小船，构成了一幅安静别致的画面。

綦江水是静谧的，但是綦江素来是川南军事、交通要地，"地介川黔，山高地险，历尽兵事"，古语就有"天下无事则已，有事则黔蜀必变，黔蜀变则綦江必被兵"的说法。

綦江是中央主力红军长征在重庆的唯一过境地。

长征初期，中央红军虽然突破了敌人的四道封锁线，但也付出了极为惨重的代价。在红军生死存亡的紧要关头，毛泽东向中央提出改变向西与红六军团会合的计划、转向敌军力量薄弱的贵州挺进的意见。

1934年12月18日，中央政治局在贵州黎平召开会议，肯定了毛泽东的意见。1935年初，中央红军强渡乌江，攻占遵义。1935年1月15日至17日，中共中央在遵义紧急召开政治局扩大会议，事实上确立了毛泽东同志在党中央和红军中的领导地位，开始确立以毛泽东同志为主要代表的马克思主义正确路线在党中央的领导地位，开始形成以毛泽东同志为核心的党的第一代中央领导集体，开启了党独立自主解决中国革命实际问题新阶段，在危机关头挽救了党、挽救了红军、挽救了中国革命，并且在以后使党能够战胜张国焘的分裂主义，胜利完成长征，打开中国革命新局面，这在党的历史上是一个生死攸关的转折点。这就是著名的"遵义会议"。

为了确保遵义会议顺利召开，红军使出了围魏救赵之计，做出攻打重庆的样子，吸引敌人兵力，减轻遵义红军的压力。1935年1月9日，红一军团攻占贵州桐梓县城，其先头部队继续向新站、松坎、綦江方向推进。军团部派一师二团在团长龙振文和政委邓华的率领下，于1月15日进驻綦江羊角乡的枫香树、大垭口、红稗土，扼守尧龙山下川黔交界的酒店垭关隘，监视驻扎在九盘子一带的川军和贵州盐防军的行动。

1月15日，红军一师二团在向羊角行进途中，在尧龙山支脉川黔交界的九龙山与川军二十一军模范师三旅八团三营相遇，经过激烈战斗将敌军击溃，活捉敌人二十多人。同日，红二团还在九龙山将贵州松坎盐防军姜金全部队击溃。随即，红二团进驻川南军事要地綦江羊角。

红军进入綦江引起了重庆方面的极大恐慌。他们以为红军图谋川南，为了围堵红军，四川军阀刘湘、川康团务委员会、国民政府军事委员会、重庆行营等紧急进行了多项部署，以截堵红军入川。当敌人手忙脚乱之时，中共中央政治局扩大会议（遵义会议）已经胜利召开。1月21日，红一军团大部队从贵州松坎出发，

◆ 红军桥
綦江区石壕镇人民政府 供图

进军綦江石壕,持续制造佯攻綦江、重庆之势。1月22日凌晨,红一军团从綦江石壕出发,经梨园坝向贵州温水、良村、东隍(今习水县)、土城等地进军赤水。红军四渡赤水,巧渡金沙江,摆脱了敌军的围堵。

而中央红军在石壕镇经过的一座风雨廊桥,因为见证了这段历史,如今被命名为红军桥。该桥原名两河口桥,建于清同治十二年(1873),是綦江区区级文物保护单位,位于石壕镇枫香树村、高山村、皂泥村三村交界处,因羊叉河与仙渡河在此交汇而得名。它是一座木石结构、南北走向的风雨廊桥,横跨于两河口河沟上，桥高10米，宽3米，跨度19米。

1935年1月21日中央红军红一军团大部队从此桥经过到达石壕，当时红军腹背受敌，天上有敌机轰炸，后面有敌人追击，他们或穿着草鞋，或打着赤脚，背负着装备行囊，牵着马匹，还要以担架、搀扶等各种方式，带着伤员一起行军，艰难困苦可想而知。刘湘一共用了36个团的川军来封锁红军。八千多名红军穿过这样一个宽3米的桥，需要花费相当长的时间，不少红军选择在寒冬腊月涉水到达对岸。

红军到达目的地后，在十分艰苦的条件下，仍旧保持着严明的纪律，不拿群众一针一线。大部分红军衣着破烂，有的脚指头都钻出了鞋子，即便如此，红军在街上买东西都是公平交易。下乡向村民买菜，先付钱后拿菜，有的村民不收钱，红军就坚持不收钱的菜不要。红军虽然人数很多，但从不乱住村民的房子，大多数住在屋檐下，即使有的村民欢迎红军住进屋里，他们也从不乱动村民的东西，并在离开前把屋子打扫干净。污蔑红军的谣言不攻自破，那些远避的群众纷纷携家带口返回。

红军走后，石壕民间就开始流传着一首歌谣："石壕哪年不过兵，过兵百姓不安宁。唯独当年红军过，一来一去很清静。不拿东西不拿钱，走时地下扫干净。"

今天站在红军桥上，看两条溪水在此汇合，缓缓流向远方，游人岸边浅戏，两岸绿树成荫，竹林摇曳生姿。这里的竹林盛产的方竹笋因为口感细嫩爽滑而远近闻名。

大足区

◆ 大足区烈士陵园

大足区烈士陵园位于重庆市大足区龙岗街道翠屏社区，占地面积27.3亩，始建于1954年，后又多次扩建，以纪念大足解放初期征粮剿匪、社会主义革命和建设时期牺牲的革命烈士。

时间回到1949年底。当时刚刚解放的大西南人口剧增，人民政府接收了近90万的国民党军队、40万左右的旧政权员工，加上进入西南的人民解放军，财政供养的人数高达200余万人。如果不解决好这200余万人的吃饭穿衣问题，局面势必大乱。因此，解决粮食问题成为解放初期巩固新生人民政权的中心任务。

1949年12月底，大足县政府召开旧镇、乡长会，对旧镇、乡长进行政治教育、前途教育，劝勉立功赎罪、立功补过，支持革命工作，争取光明前途。1950年1月13日，县政府召开区干部会，布置征粮工作。会议着重解决对征粮的认识，在此基础上研究了有关政策，布置普征任务。

1月23日，根据工作需要和上级要求召开区长联席会议，布置加征任务。为了保证任务尽快完成，县政府组织西南军大（西南军政大学的简称）、青训班学员40人，编成工作队，分赴各区，协助区政府完成加征任务。经过县区镇乡干部共同努力，至8月，全县粮食实际入库达到2324.75万公斤，基本完成了璧山公署分配的2540.25万公斤征粮任务；外运192.5万公斤，完成了工作任务。

正当征粮工作开展的时候，大地主、土豪劣绅不遵守人民政府的政策法令，纠集残存在大足县的国民党军、警、宪、特和惯匪、流氓，疯狂地发动了旨在颠覆人民政权的暴乱。县委、县政府依靠全县人民和驻大足人民军队，团结开明士绅，同仇敌忾，开展了惊心动魄、轰轰烈烈的征粮剿匪斗争，巩固了人民新政权。

大足县的土匪以段西铭（川、陕、甘绥靖公署别动队少将纵队长，主办"西南游击干部训练班"）、蒋镇南（国民党团长、县

◆ 大足烈士陵园
　　申钟　摄

◆ 烈士陵园

长、"反共救国军"第十六师师长）为首，以重庆溃逃的交通警、国民党内政部第二警察总队（简称内二警）和国民党军队为骨干，以盘踞在县内的惯匪、流氓、伪军官、兵痞、土豪劣绅、部分旧乡保长为基础。他们互相勾结，并联络邻县匪特，乘县委、县政府刚刚成立，大政方兴、万事待理之际，发动了一次又一次规模巨大的土匪暴乱，妄图颠覆我新生的人民政权。

1月27日（农历腊月初十），大地寒风呼啸。这天凌晨，匪首王伯达率匪徒200余人袭击高升场征粮队。此时，驻高升的二区征粮队长廖灿国、区队长李锡水、工作人员周鹏程、旧乡长王作民等10余人，正分头下村催收公粮，还未走出场口，忽闻匡家坳、红岩沟传来枪声。霎时间，两头场口的土匪蜂拥而入。

在敌强我弱的情况下，廖灿国和王作民及王作民小妾退回乡公所碉楼中。廖灿国组织还击，正要向外甩手榴弹时，王作民的小妾却死死吊住他的手臂，不许他甩出。与此同时，王作民打开了碉楼大门，廖灿国方知王作民已叛变通匪。

在这千钧一发之际，廖灿国率队冲出碉堡，杀开一条血路。旧乡警王树基却大声呼喊："那个就是地下党员廖灿国。"廖灿国急速退至斜对门黄树堂店中，从后门跑向田野。匪徒黄定勋等紧追不放，乱枪扫射，廖灿国中弹倒入水田，壮烈牺牲。其余工作队员被俘至宝丰寺，遭受严刑逼供后，当日，李锡水及军大两名学员，在寺庙坎下被匪徒枪杀，周鹏程在庙后也遭土匪杀害。

1月28日凌晨，匪部攻打大足县城，在首攻门户一区西城镇时，当地惯匪头子杨绍亲手将征粮队军大学员张振兴枪杀于街上，另枪杀群众一人。

1月31日，五区玉龙乡旧乡长冷万方故意将璧山军分区一个警卫通讯排战士，带入段西铭匪部伏击圈，导致全排战士牺牲。

土匪的疯狂破坏，严重威胁着我征粮队员的生命安全和征收的粮食安全，整个征粮工作陷入被动甚至停滞。

县委、县政府研究决定，于1950年2月初，由党政军负责人组成剿匪委员会，下设情报、宣传、供给、医疗组；各分区委同时成立剿匪委员会，制订剿匪计划。由于认真贯彻执行"政治瓦解，军事围剿"的方针和"首恶必办，胁从不问，立功受奖"的政策，至7月底，共计进行大小战斗120余次，歼灭匪特三个纵队、13个支队，击毙、击伤匪徒2427人，俘匪2623名，投诚自新13700余名，缴获枪支6500余支、子弹50000余发，县境内的土匪基本被清除。当场被击伤的邪教"红灯教"教主张妙山及其教徒也悔过认罪，邪教组织解散。

1951年2月24日，蒋镇南在云南省马关县被俘，经审后被枪决。1951年7月16日，段西铭在大足县城大操坝被枪决。猖獗一时的匪患得到平息，剿匪斗争取得决定性胜利。

事件之后的统计数据显示，在大足的征粮工作期间，土匪暴动抢劫公粮210多万斤，烧毁房屋543幢，抢劫百姓4928家，抢劫稻谷336.3万斤、猪牛6101头，杀害我军、干部和群众269名。

为永远纪念在剿匪征粮过程中英勇牺牲的烈士，大足县人民政府根据全县人民群众的愿望，于1954年成立了"大足县烈士墓修建委员会"，并拨专款于县城南门外公路旁的小山上修建了"革命烈士纪念碑"。

2013年，大足区委、区政府对烈士陵园进行整体修缮，于2016年6月17日建成开园。修缮后的烈士陵园由五个部分组成：大门及浮雕、革命烈士纪念碑、烈士墓、唐赤英纪念广场、革命历史陈列馆。

2015年7月，大足区烈士陵园被重庆市人民政府命名为"重庆市国防教育基地"；2018年2月，被重庆市政府批准为市级烈士纪念设施；2019年9月，被中共重庆市委、重庆市政府命名为爱国主义教育基地。

璧山区

◆ 黄蜀澄烈士墓

黄蜀澄烈士墓位于璧山区丁家街道铜瓦村排龙湾小丘山上，坐西向东，占地面积91平方米，墓宽5米，长7米，高2.3米。墓表为石质仿木结构，墓碑刻"烈士黄蜀澄之墓"，墓右侧有傅世屿、徐伯图等1948年撰刻的碑文一块。墓左侧还有1988年悼念烈士逝世40周年立的黄蜀澄烈士纪念碑一座。

黄蜀澄（1906—1948），原名遵乐，字淑成。1906年生于璧山县定林乡铜瓦村。1921年秋升入璧山县立中学，在校期间不但成绩名列前茅，而且乐于助人，因此深受师长器重，同学钦佩。

1925年夏，黄蜀澄在璧山中学毕业，抱着"工业救国"的思想，只身远走北京。次年秋，考入国立北京高等工业学校电机科。其时，正值国共合作发起的北伐战争开始，国民革命思想普遍高涨，尤其在青年学生中支持"联俄、联共、扶助农工"三大政策的人越来越多。在这种形势下，黄蜀澄阅读了《三民主义》《建国大纲》和《中国国民党第一次全国代表大会宣言》，特别认真学习了《共产党宣言》《共产主义ABC》以及《响导》等书刊，深受启发教育。他又见当时军阀割据，国弱民穷，苛政弊政，触目惊心，因而认定只有中国共产党才能救中国，决心为共产主义事业奋斗终生。从此，他除努力学习功课外，更加积极地参加各种反帝、反封建的政治活动，斗争意志坚强，行动英勇果敢。

1927年3月，黄蜀澄加入了中国共产党。入党不久，适逢蒋介石发动了"四一二"反革命政变，公开叛变革命，残酷镇压共产党员和工农群众，白色恐怖笼罩全国，革命向低潮逆转。为适应斗争形势的需要，他奉党指示向南疏散，借故休学，返回原籍璧山。

1928年秋，黄蜀澄返校复学，恢复了党组织关系。这时，北京改名北平，"北京高等工业学校"也并入"北平大学工学院"。1932年夏，黄蜀澄于北平大学工学院毕业。1932年初至1933年春，黄蜀澄先后担任中共北平西城区委书记和中共北平市委临时负责人，为党做了许多工作。为争取较好的学习条件，他组织了一系列的学生运动。收回被陆军测量学校占去的学生宿舍，要求增加教育经费，改换昏庸无为的院长等，都取得了一定的胜利。

1933年3月，党为了保存力量，采取"转移精干"的方针，他被列为首批转移人员，转回四川。上半年住在重庆，等候接转组织关系。不料那年夏天，重庆党组织遭到破坏，黄蜀澄未能与江巴特支接上关系，从而脱党。

此后几年间，他先后在云阳县中、长寿县中、江北县中任职。一方面以教育为职业，借以宣传革命。教学中将教材合理的东西为我所用；在每天升降旗学生集会时，他作简要时事讲话，高举爱国、民主旗帜，联系川陕、鄂西革命根据地以及中央红军进湘黔的活动，启发学生认识客观是非，以革命思想进行启蒙教育。另一方面，他积极寻找党组织。

1937年，黄蜀澄到重庆南温泉四川省立高级工业职业学校任训育主任。1938年春，经重庆市工委书记漆鲁鱼亲自审查，黄蜀澄恢复了党籍，并担任省高工校的党支部书记。

1939年3月，中共川东特委调黄蜀澄接任万县中心县委书记，与当地同志一道筹办私立国华中学，以此作为党的据点。他以数学教师身份为掩护，常驻学校。除搞好教学外，他还领导万县、云阳、奉节、巫山、巫溪、梁山（今梁平）、开县的地下党工作。同年7月，国华中学被反动派查封，黄蜀澄撤回重庆。

1939年9月，黄蜀澄调任重庆市沙磁区树人小学党支部副书记，对外的公开职务为该校教导主任。树人小学即树人学校（今重庆市第八中学），位于小龙坎正街，是中共沙磁区委联系工作、掩护干部的据点，校长兼党支部书记傅世玙不仅是黄蜀澄的璧山同乡，而且也是结交多年的革命战友。

1940年4月至8月，中共川东特委任命黄蜀澄为中共重庆市沙磁中心区沙坪坝区委书记，同时兼任沙磁中心区委委员。此间正值国民党反动派掀起反共恶浪之际，他坚决执行党的"隐蔽精干、长期埋伏、积蓄力量、以待时机"的十六字方针，表现沉着老练，机智勇敢；分析事物全面深刻，处理问题周密果断。在树人小学进进出出的20多名党员从未发生事故。

1941年3月，黄蜀澄奉命到江津双河乡曾德容家隐蔽。"皖南事变"爆发，川东特委制定紧急措施，进一步坚持"隐蔽"方针，针对党员不同情况，分别采取继续保持联系、保留关系、割断关系等处理办法，对黄蜀澄是"保留关系"。因此，他于7月在双河乡接到通知："保留党籍，停止活动，自行隐蔽，调查研究，到必要时，由组织恢复关系。"从此，他又同党组织中断了联系。9月，黄蜀澄到铜梁县平滩乡原省高工校校长顾鹤皋家做家庭教师。

1943年春，经覃正中介绍，黄蜀澄去川西邛崃县私立敬亭中学任教，历任该校教师、主任、副校长、校长等职。

敬亭中学是邛崃县开明士绅、民盟盟员张开扬创办的，他自任校长和董事长，后由黄蜀澄任校长。学校有中共党员，也有民盟盟员。黄蜀澄在此虽无党的组织关系，但他以渊博的学识和丰富的经验，对学生因材施教，对工作审时度势，以最大努力继续为党工作。他的寝室里贴着"横眉冷对千夫指，俯首甘为孺子牛"的警句，以指导自己的言行。根据抗日战争形势，他对师生不断进行形势教育，号召学生们"读书不忘救国"。他生活简朴，待人和蔼可亲，师生关系融洽，教学认真负责。学生李万寿回忆说：

◆ 黄蜀澄烈士墓
　　蓝洋　摄

"黄老师才华横溢,知识渊博,品德高尚,艰苦朴素,平易近人,教书育人,德高望重,他的一言一行,都使我终生难忘。"学生胡玉晋至今还珍藏着分别后黄蜀澄给他写的信和送的进步书刊,以表缅怀。

1947年6月1日,国民党反动派为镇压全国学生掀起的"反饥饿、反内战、反迫害"运动,在全国实行大逮捕。是日,黄蜀澄在敬亭中学被捕。6月7日,转囚于成都"四川省特委会监狱"。在狱中,他正气浩然,视死如归。虽被敌人刑讯吊打、竹板夹拶、石头压身,甚至受刑休克,但他始终守口如瓶,坚贞不屈。

黄蜀澄在长期的监狱斗争中,意志坚强,精神很好,组织难友们学习。发动了因反动当局克扣"囚粮"和不给患者治病的绝食斗争,都取得胜利。教育争取一名看守宪兵郭崇伯,成为黄蜀澄与监狱外有关同志的秘密交通员,为狱中难友做了一些有益的工作。

1948年元月,黄蜀澄经多方营救,被保释出狱就医。因在狱中受到严酷摧残,结核、肠炎加剧,医治无效,不幸于1948年3月12日在四川省立医院逝世,终年42岁。临终前,他还用颤抖的手写下了遗言:"我不行了,不能去延安……解放后好好工作。"

黄蜀澄牺牲后,敬亭中学几个学生坚决要求为其扶灵回乡安葬。途中,为避免麻烦,黄蜀澄的哥哥黄仪生多次劝阻扶灵学生不要护送,最后才得以独自扶灵还乡。

1952年,川东区党委和川东行署审定黄蜀澄为革命烈士。1989年2月,黄蜀澄烈士墓被璧山县人民政府公布为县级重点文物保护单位,2006年9月被县委、县人民政府命名为璧山县爱国主义教育基地。

铜梁区

◆ 邱少云烈士纪念馆

铜梁凤山的历史可上溯至北宋年间,据典籍载,文庙是这里的地标,修建于1098年,现凤山公园内的文昌台处便是康熙四十四年(1705)建的文昌宫原址。站在凤山之巅,"远吞岳色,近挹湖光",全城风光尽收眼底,园内半隐山房又名将军楼,留有名人与公园的故事。而最令人肃然起敬的,就是坐落在山巅的邱少云烈士纪念馆。

纪念馆内,那一堵如烈火般燃烧的故事墙,向人们讲述着烈士如烈火般燃烧的一生。

1926年,邱少云出生在重庆铜梁。他父母早逝,四兄弟相依为命。他13岁开始当雇工打短工度日,哥哥被抽壮丁后,两个弟弟暂由伯父收留帮着割草放牛。小小年纪受尽欺凌和白眼。解放前夕,邱少云外出打工时被抓了壮丁,进入国民党军队。1949年12月,邱少云所在部队在成都龙泉驿起义,他由此加入中国人民解放军。

解放初期，邱少云参加内江剿匪斗争。在一次战斗中，他与九连战友化装成乡下农民，机智勇敢地深入匪窟，在高粱镇活捉内江反共救国军司令、匪首刘荣熙。为此，师部授予邱少云所在连"剿匪先锋连"光荣称号，集体荣立大功一次。

1950年12月，邱少云报名参加中国人民志愿军，从四川内江出发，随部队开赴朝鲜。临行前，初识字的邱少云给家里的亲人写了一封信，信中写道："前些日子，我报名参加了中国人民志愿军……听我们指导员说，美国佬在朝鲜杀人放火，干尽了坏事。我在朝鲜要多打美国佬，你们在家里要把分的地种好，多打些粮食，多交些公粮，支援抗美援朝战争……到朝鲜后一定要拼命打仗，不怕死。为了让所有的受苦人都像我们一家过上好日子，我死了算个啥么。我决心杀敌立功，戴着光荣花回来看你们。抗美援朝，保家卫国！"这是邱少云写过的唯一也是最后的家书。

进入朝鲜之后，在部队开赴前线途中，邱少云曾冒着美军飞机的扫射轰炸，从燃烧的居民房屋里勇救朝鲜儿童。

1952年9月，美帝国主义发起了夏季攻势，失败后又发起秋季攻势，占据了朝鲜平康与金华之间的"391"高地。"391"高地就像一颗毒牙咬住了志愿军前进的道路，为了将战线向南推进，必须拿下它。"391"高地地势险要，32个碉堡林立山间，半山腰上有4层铁丝网，形成了层层路障，山前有一大片开阔地，蒿草长得十分茂密。

营首长们远看地形，又分析了敌情，决定组织一支500人的加强营潜伏队，于11日晚按计划潜伏在离敌人阵地60米远的蒿草丛中。等待第二天下午5点30分大部队发起总攻。

10月11日晚，五百多名战士从头到脚缠上草，做好伪装准备，悄悄潜伏进开阔地带。入夜之后，天寒地冻，邱少云和他的战友们按照预定计划，在391高地附近的野草丛中纹丝不动。

邱少云所在的三班是尖刀班，潜伏在最前面。为了确保首次爆破成功，邱少云与副班长李元兴、战士李士虎组成第一爆破组，班里其余同志组成第二、第三爆破组。第一爆破组距敌阵地前沿约60米，形成品字形战斗队形，最前方第一爆破手就是邱少云。当时邱少云携带的是一把大铁剪和自己的武器，主要任务是待炮击向前延伸后，首先剪开敌人阵地前沿的残存铁丝网，形成单人通道，以利于爆破手冲上去炸毁敌人的碉堡，消灭敌人的机枪火力点，为部队冲锋扫除障碍。他们要在敌人的眼皮底下无声无息地潜伏至第二天下午发起总攻。

12日上午11时许，几名敌人照例下山取水和巡逻，从地堡里钻出后往山下走来。潜伏部队万分焦急，但这一切已被志愿军观察所里的指挥员掌握，便命令炮兵用一发炮弹消灭这五个敌人。敌人对出现的这一新情况感到疑惑，认为我军在暗中侦察他们，便派飞机盘旋在志愿军潜伏地上空侦察动静，结果没发现任何目标。但敌人非常狡猾，不一会儿，便在潜伏区上空发射了一排燃烧弹，企图烧掉野草，使我军无法潜伏。有一颗燃烧弹恰巧落在邱少云面前，熊熊大火很快烧到了邱少云身上。

但邱少云并没有爬起来扑灭自己身上的火焰，他尽力把爆破筒慢慢推向离自己不远的战友李士虎身边，又把子弹夹埋在土坑里，以防燃烧引起爆炸暴露目标。在他右侧面3米处有一条小水沟，只需侧身一滚即可扑灭身上火焰，但他深知，这一动势必会

◆ 邱少云烈士纪念馆
铜梁区文化和旅游发展委员会　供图

暴露目标，必将遭到敌机狂轰滥炸，数百名战友将陷入绝境，整个潜伏计划就会全部失败。

为了数百名战友的生命安全，为了整个战斗的胜利，邱少云在烈火中咬紧牙关，强忍着剧痛，身躯紧贴地面，双手颤动着慢慢插入泥里，直到失去知觉，最后英勇牺牲，年仅26岁。

傍晚5点21分，天空中升起了两颗红色信号弹，我军正式发起攻击，仅用30分钟便将敌人一个连和一个火器排全部歼灭，成功拿下"391"高地。

邱少云的事迹迅速传遍了部队。《人民日报》《解放军报》等

邱少云烈士纪念碑

报刊先后发表通讯《英雄的战士邱少云》《伟大的战士邱少云》，报道了邱少云的英雄壮举。

1953年2月，部队将邱少云的遗骨运送回祖国，安葬于沈阳市北郊抗美援朝烈士陵园。同时，志愿军战士在朝鲜平康以南的五圣山主峰（"391"高地）石壁上，庄严地镌刻下二十五个大字："为整体胜利而自我牺牲的伟大战士邱少云同志永垂不朽！"

1953年6月1日，中国人民志愿军司令部、政治部为邱少云追记特等功，并追授邱少云"一级战斗英雄"称号。1953年6月25日，朝鲜民主主义人民共和国最高人民会议常任委员会追授邱少云"朝鲜民主主义人民共和国英雄"称号，同时授予金星奖章、一级国旗勋章。

1962年，家乡铜梁在凤山之巅修建了邱少云烈士纪念馆，朱德总司令题写了"邱少云烈士纪念碑"碑名。一代文豪郭沫若也为邱少云写下诗句："援朝抗美弟兄多，烈士少云事可歌。高地名传三九一，寇军徒念阿弥陀。戳穿纸虎功长在，缚住苍龙志不磨。邻国金星留纪念，英雄肝胆壮山河。"

潼南区

◆ 杨闇公同志旧居

在重庆潼南双江镇正街，有一座典型的南方晚清穿斗悬山顶式建筑，这里就是中国共产主义运动先驱杨闇公同志的旧居，也是杨闇公及其胞弟——中华人民共和国第四任国家主席杨尚昆少年生活、学习、成长的地方。

1898年3月10日，杨闇公诞生于此。虽出生于大户人家，但他自认为"是旧社会的叛逆者，新社会的催生者"，面对日益深重的民族危机，他"痛国家之积弱，念民族之危亡"。1913年，15岁的杨闇公离开家乡，进入江苏军官教导团学习军事，在堂兄杨宝民的介绍下，加入中华革命党，投身反袁斗争。

1917年，杨闇公东渡日本留学。在此期间，他参与组织留日同学读书会，学习进步理论，初步接触到马克思主义。1919年，当五四运动的消息传来，杨闇公不顾驻日官员的阻拦，毅然与广大留日学生、爱国华侨到中国驻日公使馆请愿示威，抗议巴黎和会决议，因此被东京警视厅以"违反治安罪"关押了8个月。

1920年，杨闇公回到苦难深重的祖国，1921年冬他到成都，先后结识吴玉章、恽代英、刘伯承等志同道合者，共同探寻革命的道路方法。

在革命的实践中，他们认识到，必须要有一个无产阶级政党来领导四川革命，才能加快胜利的步伐。

经过近两年的筹备，1924年1月12日，吴玉章、杨闇公等人，在成都娘娘庙杨闇公住所里，正式成立了"中国青年共产党"（中国YC团），选举吴玉章、杨闇公等为主要负责人。

中国青年共产党的创建，使共产主义运动的星星之火在偏远的西南燃起。这是四川早期马克思主义者独立创建革命政党，开展共产主义运动的一次勇敢实践。

YC团成立后，为发现和培养无产阶级革命人才，以扩大马克思主义的传播，1924年4月13日，杨闇公、吴玉章在成都成立了"社会主义研究会"，发现和培养无产阶级人才。

1924年8月，杨闇公回到重庆，在童庸生的介绍下，他加入社会主义青年团，并参与到重庆团地委的领导工作中，开始致力于在四川建立党组织的工作。

1926年2月底，在重庆二府衙街70号杨闇公的寓所里，"中共重庆地方执行委员会"正式成立，隶属中共中央领导。选举杨闇公任书记，冉钧负责组织，吴玉章负责宣传。

中共重庆地委的成立，实现了中国共产党对四川革命运动的统一领导，担负起了领导重庆和四川人民革命斗争的历史重任，标志着重庆作为四川革命运动中心地位的确立。

1926年11月，为策应和推进北伐，经党中央批准，杨闇公领

◆ 杨闇公同志旧居
　李屈　摄

导成立中共重庆地方执行委员会军事委员会，杨闇公兼任军委书记，与朱德、刘伯承、陈毅等领导发动了著名的"泸顺起义"，成为党在大革命时期力图掌握武装、争取改造旧军队的一个范例。

1927年3月24日，英帝国主义军舰借口保护侨民，猛烈炮轰南京，造成中国军民死伤2000余人。3月28日，中共重庆地委与国民党（左派）省党部决定3月31日在重庆打枪坝召开市民大会，声讨帝国主义的罪行。

当召开群众大会的消息传出后，反动势力也铁了心要向人民群众开刀。反动军阀刘湘召开秘密会议，暗中布置军队，以调停"工学冲突"为名，进行大屠杀的军事部署。很快，杨闇公也得到了刘湘要破坏大会的密报，但为了不向反动派示弱，杨闇公仍然坚持群众大会如期举行。

3月31日一早，杨闇公正要出门，却接到在刘湘军部当参谋长的一位亲戚派人送来的信，信的大致内容是："若能不去赴会，军

杨闇公同志旧居

座定有好音。"短短几句话，极尽威逼利诱之能。但杨闇公丝毫不为所动，毅然与群情激愤的群众一起走上街头。

这时，军阀刘湘已按照计划，堵住了各个出口通道，众多反动兵士和团丁，混入了群众队伍之中。正当革命群众会聚会场，高呼口号之时，人群中突然枪声大作，反动军阀的士兵抡起铁条，抽出砍刀，对手无寸铁的群众开始了血腥屠杀！危急之中，杨闇公在群众的掩护下越墙脱离虎口，准备去武汉向中央汇报惨案情况。不幸的是，4月4日凌晨，在刚起锚离港的"亚东号"轮船上，杨闇公不幸被捕。被捕后，杨闇公被关押在重庆佛图关的蓝文彬司令部。敌人对他威逼利诱、严刑拷打，但他始终坚贞不屈，不为所动。

1927年4月6日晚，敌人将杨闇公押向佛图关刑场。在生命的最后时刻，杨闇公高呼："打倒帝国主义！打倒军阀！中国共产党万岁！"响彻夜空的喊声让刽子手恐惧，杨闇公被反动军阀割舌、断手、剜目后，身中三弹，壮烈牺牲于重庆佛图关，时年29岁。

杨闇公的一生短暂、辉煌、壮烈，犹如不断升腾的烈火，在历史上焕发出耀眼的光芒。他是中国共产党较早将武装斗争付诸实践并为之献出生命的革命者之一，他以生命和热血实践了自己"人生如马掌铁，磨灭方休"的铮铮誓言。

1992年，为纪念这位伟大的共产主义先驱，杨闇公同志旧居正式对外开放，由江泽民同志题写馆名。2011年修复及重新布展，包括源泰和大院、邮政局大院和永绥祠，总占地面积约6000平方米，由"杨闇公烈士生平业绩展览""杨家生活复原展览""民主革命时期中共潼南党史陈列"三个部分组成。

今天的杨闇公同志旧居，已经成为全国爱国主义教育示范基地、国家国防教育示范基地、国家4A旅游景区、国家二级博物馆、全国红色旅游经典景区、重庆市干部教育培训现场教学基地。是广大干部群众缅怀先烈和进行爱国主义教育、国防教育的重要课堂。

◆ 杨尚昆陵园

杨尚昆陵园坐落于潼南大佛街道卫星社区青龙山下杨家嘴，距潼南城区约3.5千米，距杨尚昆的出生地双江镇6.5千米。陵园按照杨尚昆生前遗愿所建，距离杨闇公烈士陵园直线距离仅600米。

杨尚昆是中华人民共和国第四任国家主席，伟大的无产阶级革命家、政治家、军事家，坚定的马克思主义者，党、国家和人民军队的卓越领导人。他献身革命七十余年，为中国人民的解放事业和建设事业贡献了毕生精力，为新时期改革开放和社会主义现代化建设事业作出了重大贡献，深受全党、全军和全国各族人民爱戴。

杨尚昆陵园于1999年4月动工，2000年6月竣工，占地面积约50亩，包括陵道、瞻仰广场、墓茔区和怀念林四个部分。

陵园坐南朝北，背靠寨子坡、左倚凤凰山、右临木鱼坡，墓前有一条小河环绕。整座陵园没有高大壮观的牌坊，也没有气派辉煌的建筑，只有与大自然融为一体的简朴气息，诚如陵园主人"云水襟怀、松柏气节"的高贵品格。

长410米、宽9米的陵道，看似平直，却又跌宕起伏，代表了杨尚昆同志70余年波澜壮阔的革命历程。两旁共栽种914棵塔柏，给整个陵园营造出肃穆宁静的氛围。

在陵园瞻仰广场正前方屹立着一尊杨尚昆全身塑像。材质为红色花岗岩，高3.6米，取毛主席《七律·到韶山》诗句中"喜看稻菽千重浪，遍地英雄下夕烟"之意。

墓茔是杨尚昆与妻子李伯钊骨灰合葬墓。后方有一面马蹄圆弧形青石屏，石屏正中镶嵌13块红色花岗岩，上面镌刻有杨尚昆生平大事年表。

杨尚昆，1907年8月3日出生于重庆潼南双江镇。14岁时，由四哥杨闇公引领到成都高师附中求学，迈开了他革命人生的第一步。1925年加入中国共产主义青年团，1926年春转为中国共产党党员，从此，他把自己的一生献给了伟大的革命事业。

1926年5月，杨尚昆受重庆党组织派遣，进入上海大学学习。11月，又赴莫斯科中山大学留学。1929年夏与李伯钊结为革命伴侣，从此相濡以沫56年。1930年，考取中山大学中国问题研究所研究生。1931年,辗转回到苦难深重的祖国。

回国后,杨尚昆先后担任中华全国总工会宣传部长、江苏省委宣传部长、中央宣传部长等职,参与领导上海工人运动和抗日救亡运动。1933年,从白色恐怖的上海,转移到中央革命根据地江西瑞金,先后担任红色中华通讯社总负责人、马克思共产主义大学副校长、总政治部副主任等职。

1934年1月,任红三军团政委,和军团长彭德怀一起,率部长征,身经百战。1935年,出席遵义会议,坚决拥护毛泽东的正确主张。

1937年,抗战全面爆发后,杨尚昆担任中共中央北方局副书记,协助书记刘少奇创建华北敌后抗日根据地。1938年11月,接任北方局书记,从此担负起领导华北敌后抗战的重任。

1940年底,杨尚昆回到延安,在中共中央机关工作。1942年春,参加整风运动。1945年4月,出席党的七大。同年8月担任中央军委秘书长,曾负责接待中外记者西北参观团和美军观察组。1945年9月,接替李富春担任中办主任,从1945年到1965年,在这个岗位上工作了整整20年。

1947年4月,担任中共中央后方委员会秘书长兼后方支队司令,协助后方委员会书记叶剑英组织中央机关撤离延安的疏散工作。1948年5月,担任中共中央副秘书长、中办主任、中央直属警卫司令部司令员,协助周恩来主持中共中央机关和中央军委日常工作。

新中国成立后,杨尚昆继续担任中共中央副秘书长、中办主任、中央军委秘书长等职。1956年9月,在中共八届一中全会上当

◆ 杨尚昆陵园
　李屈 摄

选为中央书记处候补书记。

1978年，十一届三中全会后，担任广东省委第二书记兼广州市委书记，和中共广东省委第一书记习仲勋一起带领广东走上改革开放前沿。

在1982年9月中共十二届一中全会、1987年11月十三届一中全会上，两度当选为中央政治局委员。

1982年9月、1989年11月，先后担任中央军委常务副主席兼秘书长、军委第一副主席，相继协助邓小平、江泽民主持军委日常工作。

1988年4月8日，在七届全国人大一次会议上，当选为中华人民共和国第四任国家主席。他为党领导的革命、建设、改革事业贡献了毕生的精力，作出了巨大的贡献。

1992年10月、1993年3月，杨尚昆同志先后从党、政、军的领导岗位上退下来。1998年9月14日，这位饱经风霜的老革命家在北京与世长辞，享年92岁。

后山的怀念林为杨尚昆生前好友、部下、身边工作人员及社会各界自发筹资修建。林中有两块石碑显得格外庄严肃穆，一块是黑色大理石碑，雕刻着杨尚昆胞弟杨白冰同志为祭拜兄长逝世五周年而作的一首长诗；另一块是汉白玉石碑，是西北燕山农民自发集资制作，并千里迢迢送到潼南，饱含着燕山儿女对杨尚昆的无比崇敬与怀念。

度过沧桑岁月，回望92年的人生历程，无时无刻不是与党紧紧相连。他忠于党、忠于人民的高尚品质，坚韧不拔、勇于开拓的革命精神，坚持原则、顾全大局的崇高风范，襟怀坦荡、率真赤诚的革命情怀，值得我们永久学习和传承。

如今的杨尚昆陵园，已成为缅怀伟人业绩、凭吊伟人忠魂、进行革命传统教育的重要阵地。2009年10月，杨尚昆陵园被评为重庆市爱国主义教育基地。

荣昌区

◆ 柳乃夫故居

柳乃夫故居坐落于重庆市荣昌区东的万灵镇大荣寨社区李家石坝子，距城区约8千米，距万灵古镇约1千米，背靠山坡，树木苍翠，小屋掩映于绿树之间。家乡人民为纪念烈士，改李家石坝子为"柳乃夫青年小院"。

故居主体建筑由古色古香的木质混泥墙体和小青瓦建成，堂屋、卧室依旧保持原貌，精致的雕花木柜、石质水缸至今仍在使用。房屋前是一条宽阔整洁的公路，公路旁边是一片良田沃土。故居向西约200米，有一条清澈的濑溪河流经此地。

浓厚的历史文化底蕴和旖旎的自然风光，养育出一位优秀的中国人民好儿子——柳乃夫。

柳乃夫原名赵宗麟，号玉书，1910年4月生于路孔古镇一个书香家庭，祖上是清朝乾隆年间"湖广填四川"的移民。柳乃夫从小聪明好学，中学考入县立中学中九班，学习刻苦，成绩名列前茅。在此期间，荣昌第一个中共党支部在荣昌中学建立，这使得柳乃夫从中学时起便受到了革命思想的熏陶。

1930年8月，柳乃夫考入南京国立中央大学法学院法律系。在南京，他结识了一批进步人士，阅读了一些进步书籍，思想逐渐倾向革命。

1931年4月，柳乃夫的同学李散之从上海给他寄了一本瞿秋白编写的宣传革命的小册子，被国民党特务机关邮检部门查获。国民党当局遂以传播"反动书刊"为由，判处柳乃夫有期徒刑5年。

在狱中，柳乃夫逐渐了解到很多难友都是共产党员，狱中还成立了秘密中共党组织。在党组织的亲切关怀下，柳乃夫慢慢从悲愤的情绪中走了出来。狱中的同志们都特别喜欢他，教他学习英语、日语和其他国家的语言，给他讲革命道理、社会主义和共产主义思想。他不仅在文化知识上精进，而且在政治上也日益成熟，并有幸结识了中共南京市委副书记曹瑛，他们住在同一个囚室的上下铺。在曹瑛的影响和关怀教育下，他看到了共产党员的伟大胸怀，看到了中国革命的希望。

经亲友全力营救，柳乃夫于1933年春被保释出狱。在柳乃夫出狱的前一天晚上，曹瑛对他说了许多勉励的话，鼓励他出狱后要为新生活而努力奋斗。柳乃夫当下激动地表示，是共产党给了他新生，一定不会忘记大家对他的帮助和教育。出狱后，他决定将自己的名字赵宗麟改为"柳乃夫"，意即"新生命"。1933年底，柳乃夫秘密加入中国共产党。

1935年春，柳乃夫带着拯救中华民族于危亡的愿望与目的东渡日本东京留学，在日留学期间，他专注研究日本军国主义。同年底，因"文救"工作缺少党内骨干，党组织电召柳乃夫回国。

回到上海后，柳乃夫秘密加入左翼社联和文化界救国会，参与编辑《永生》《现世界》等刊物，创办引擎出版社。柳乃夫以"新生命"的充沛精力，夜以继日地写作，呕心沥血，撰写了许多极富见解、慷慨激昂的文章，引起社会广泛关注，其中《从国防说到北海所占的地位》《暴风雨前夜的希腊》《从政治上观察绥远抗战》等文章相继发表在《现世界》等不同期刊上。

全面抗战爆发后，上海文化界救国会组建"上海文化界内地服务团"，到内地作抗日宣传组织工作，柳乃夫任团长。他们背负宣传工具徒步跋涉，先后辗转浙江、江苏、安徽等地，行程数千华里。在半年多的时间里，柳乃夫率团活跃在大江南北百余个城镇，他们举办大型图片展览、出墙报、画漫画、唱歌、演讲，发动各地成立救国会、抗敌后援会，极大地推动了全民族抗战。

1938年春，应国民党山西抗日友军第三十八军军长赵寿山特别邀请，柳乃夫奔赴抗战前线去训练、改造部队。中共中央长江局董必武亲自找柳乃夫谈话，鼓励他做好友军的工作，以巩固抗日民族统一战线。

临行前，柳乃夫将服务团的证件和一些生活用品交给同志们，笑着说："万一我在前线牺牲了，交给你们的这些东西，就是很好的纪念品了。"这并非一时戏言，而是一个视死如归的革命者的铿锵誓言！

柳乃夫随三十八军在山西王屋山一带一边作战，一边以笔为枪，报道抗日最新动态。先后在《大公报》、西安《文化日报》上发表了《怎样发动群众组织》《当前的几个实际问题》《军队政训工作的几个实际问题》等著作，他以一个文化人特有的战斗精神，完成了一般军人难以完成的工作。

1938年秋，柳乃夫突患黄疸病，到后方西安治疗。这期间，他在给夫人唐宗鹤寄回的照片背面写下四首诗，"男儿不禁兴亡恨，投笔从戎古有之""若问何日归故里，杀尽倭奴建国时"……表达了他以身报国的胸怀和勇气。

1939年1月，柳乃夫调往一一七师陈硕儒部任秘书，师部驻平陆县城。同年6月6日，日本侵略军大举进攻平陆茅津渡。8日，一一七师将士浴血奋战，伤亡惨重，师长陈硕儒率一部分战士向一个方向突围，柳乃夫同另一部分将士向相反方向突围。不料柳

◆ 柳乃夫故居
　　荣昌区万灵镇人民政府　供图

乃夫这一部分被日军紧紧咬住，鬼子的机枪疯狂扫射，战士们纷纷中弹倒下，柳乃夫亦壮烈牺牲，年仅29岁。

柳乃夫的牺牲在全国引起强烈反响。西安、平陆、上海租界、重庆等地隆重举行追悼大会，沉痛悼念这位抗日文化战士。沈钧儒在致辞中说："有人讲古人向死而生，我认为这是不对的。许多人醉生梦死，生既不知为何生，死亦不知为何死，乃夫先生生得有意义，死也极有意义。"高度评价柳乃夫热爱祖国、奋不顾身的牺牲精神。

1982年12月，四川省人民政府追认他为革命烈士。2008年2月，荣昌县人民政府将柳乃夫故居列为文物保护单位。

2021年7月，荣昌区委、区政府认真贯彻落实习近平总书记在庆祝中国共产党成立100周年大会上关于"弘扬光荣传统、赓续红色血脉"的重要讲话精神，筹资约400万元，修建柳乃夫红色文化广场，修复故居片区风貌，铸立柳乃夫铜像，完善故居片区基础设施及人居环境整治，着力打造红色文化旅游精品。如今，这里是广大党员干部、群众、青少年学生进行爱国主义教育、开展传统革命教育的新去处。

开州区

◆ 刘伯承同志纪念馆

刘伯承同志纪念馆位于开州区汉丰街道盛山社区开州城北盛山公园内,于1992年始建,2001年进行扩建,面积为11539平方米。

纪念馆主体建筑为坐北朝南的中式园林建筑,由前院、后院、大院坝、功勋柱广场和大石梯堡坎等组成。纪念馆大门上悬挂着由刘伯承亲密战友、我国改革开放总设计师邓小平亲笔题写的"刘伯承同志纪念馆"八个镀金铜字。

纪念馆依山势而建,高低错落,气势宏伟,古朴高雅,具有较强的民族特色,充分体现了川渝文化的建筑艺术风格。全馆气势恢宏,与四周橘林和山后盛山艺术长廊相得益彰、相映生辉。纪念馆建筑风格庄严简朴,采用大坡屋顶和琉璃瓦白粉墙,分为内外两进院落。

整个外院松柏森森,鲜花烂漫,清新典雅。外院右侧为办公室、会议室,左侧为兵器陈列室。兵器陈列室是三峡库区内唯一一家以兵器为主题的国防教育基地，展示了刘伯承在各个时期使用过的兵器。兵器陈列室前侧花园内有1997年6月12日中国人民解放军赠送的"歼六型"战斗机。

内院为陈列布展厅，共有展室六间，以廊相连；外院辅助房屋十二间，主要为办公室和兵器陈列室。

纪念馆收藏有刘伯承1892—1986年期间的文物包括图片、实物等计九百多件。整个陈列布展按历史发展轨迹分为"早期革命活动""红军总长""一二九师师长""二野司令员""共和国元帅""永远活在人民心中"六大主题，分别以六个展厅一一呈现，每个展厅内都陈列着大量历史照片、图版、文献资料，它们像瑰奇闪亮的珍珠，串成绚丽的珠链，真实地再现了刘伯承光辉战斗的一生，歌颂了他的革命精神和崇高的思想品德。

整个展厅从序厅开始，刘伯承红光满面、身着翠蓝色元帅礼服的蜡像端坐正中，双手扶着座椅手柄，背靠大屏风，上排有他手书的"为人民立功光荣得很"九个镏金大字。左右两壁有他悬挂办公室多年的中国、世界大地图，身侧有他长期使用的办公桌、文房四宝。这是北京蜡像馆精心塑赠的，蜡像逼真地再现了1955年刘伯承刚获授勋时的风采。

内院右侧分为两个展厅。第一展厅概括介绍了刘伯承的早期革命活动。

1916年3月20日，刘伯承率部血战丰都，从而被誉为"军神"。在大革命时期的1926年5月，他和杨闇公、朱德等发动并领导了震惊中外的泸（州）顺（庆）起义，这次起义为北伐战争作出了重大贡献。随后他参加了中国共产党，从此开始了他全新的革命道路。由于他骁勇善战、足智多谋，成为"手执青锋卫共和"的英勇斗士和"川中名将"。这期间他所作的《出益州》《赠友人》两首著名的诗颇能反映他的思想，在展厅尤其引人注目。

第二展厅反映了刘伯承在土地革命时期的风采。这期间，他于1927年8月1日参与领导了震惊中外的南昌起义，同年11月赴苏联留学，并参加了1928年6月在莫斯科召开的中共六大。1930年7月回国，参加中央革命根据地建设。1933年2月，协助周恩来、朱德指挥红军取得了第四次反"围剿"胜利。1934年10月参加了著名的二万五千里长征，在率部进入大凉山时，与彝族部落首领小叶丹"歃血为盟"，使红军顺利通过彝族区，成为民族团结史和长征史上的佳话。通过长征，他坚定了挽民于倒悬、建设新中国的信念。

内院后侧正中为第三展厅。第三展厅分为两部分，主要概述了刘伯承从1937年至1950年的革命战斗生涯。

第一部分反映了刘伯承八年抗战所取得的卓越功勋。1937年，"七七"卢沟桥事变后，刘伯承出任一二九师师长。翌年12月，挺进冀南平原区，直接领导冀南和鲁西北的抗日平原游击战。1940年夏，参加了八路军发起的"百团大战"，共进行大小战斗529次，取得了重大胜利。在其五十大寿期间，《新华日报》等进行了祝寿活动，并刊登了叶剑英的祝寿诗和杨尚昆的贺寿电。1943年9月，奉命赴延安参加党的高级干部会议。1945年4月出席了中共七大，被选为第七届中央委员。

第二部分的展室中间，耸立着刘伯承双手抱胸的木雕半身塑像，这一部分主要展示了刘伯承为解放战争的胜利作出的重大贡

◆ 刘伯承同志纪念馆
　开州区文化和旅游发展委员会　供图

献。国民党于1946年6月发动全面内战，8月刘邓大军出击陇海路。1947年6月底，刘邓率10万大军强渡黄河，发起鲁西南战役；8月挥师南下，千里跃进大别山，直插国民党统治的腹心地区。从1947年9月起，刘邓大军与友军呈"品"字形态势进击中原，经过10个多月的苦战，在江淮河汉之间大量歼敌，迫使国民党军陷于被动防御地位，对扭转全国战局起到了决定性作用。1948年11月，他参与领导的淮海决战，取得了歼敌55万余人、解放长江以北广大地区的重大胜利。翌年4月20日，发起渡江战役，4月23日解放了国民党统治首都南京，兼任南京市军管会主任、市长。1949年11月1日，率大军挺进大西南，取得了西南战役的胜利；1950年2月8日，出任西南军政委员会主席。

内院左侧分别为第四展厅和第五展厅。这两个展厅主要反映了1955年9月刘伯承被授予元帅军衔后，为新中国的社会主义建设和国防军事理论建设作出的卓越贡献。

第六展厅的主题是"永远活在人民心中"。刘伯承于1986年10月7日在北京病逝，一代帅星陨落。同年10月16日，他的亲密战友、我国改革开放的总设计师邓小平主持追悼会，前中共中央总书记胡耀邦致悼词，高度评价了刘伯承叱咤风云、功勋卓著的一生。

整个展厅以刘伯承生平历史年代为线索，从序厅开始呈顺时针方向布展，展示了刘伯承近百年的历史轨迹。

纪念馆大门前是广场。广场右方矗立着中央军委铸赠的高6.1米（含基座2米）的刘伯承全身铜像，他身着戎装，腰挎盒子枪，头顶青天白云，漫步长征路上。

纪念馆后门是从开州故城直登通天云梯的大型壁画《山河颂》，祖国大好河山一齐向你涌来。一壁高48米、宽25米的三坡240级大石梯，建筑造型分三级台阶曲折上升，其总体设计采用螺旋式手法，完全自由随宜、依山就势、高低错落而凿建。在每级平台堡坎正面有红色花岗石与黑色大理石镶嵌的《山河颂》，把峨眉之雄伟、华山之险峻、黄山之灵秀、泰山之神奇融为一体。

刘伯承同志纪念馆，是丹青一卷，镌刻着他伟大光辉的生命轨迹！更是丰碑一座，铭记着他的人生风采和不朽功勋："渊渊韬略成国粹，昭昭青史记殊荣"。

1994年，纪念馆被命名为首批省级爱国主义教育基地。重庆直辖后，纪念馆先后于1997年11月、1998年11月、1999年3月分别被命名为市级爱国主义、青少年教育和国防教育基地；2001年6月被中共中央宣传部公布为"培育爱国之情激发报国之志全国爱国主义教育示范基地"，2009年5月被国家文物局确定为"国家三级博物馆"，成为全市3000多万人民进行爱国主义教育、国防教育和革命传统教育的基地。

◆ 杨柳关

杨柳关位于开州区三汇口乡境内，是开州、开江、宣汉三区县的交通要道，也是万州、开州至陕西的必经之路，因昔日生长着很多杨柳树而得名。

杨柳关的历史最早可追溯到西魏时期，西流县为防御川陕边境的盗贼、土匪扰乱，在此建关设卡，在卡门两侧的石碑上刻下"兵备三千铁甲，地连二百雄关"的绝世联对。

杨柳关也留下了红军大战杨柳关的生动故事。

1932年底，红四方面军在总指挥徐向前的率领下，经陕西进入四川，创建川陕革命根据地。1933年10月，敌人妄想消灭红军，刘湘纠集四川军阀部队110个团20余万人，分六路向川陕革命根据地大举进攻。

川陕革命根据地是第二次国内革命战争时期红军第四方面军创建的一个重要革命根据地。鼎盛期发展到东起城口，西抵嘉陵江，南到营山、渠县，北至陕西的镇巴、西乡、宁强，总面积达4.2万多平方千米，人口达700余万，红军兵力近10万之众。在这一大片土地上，建立有23个县和1个市的苏维埃政权。

为配合红军的胜利行动，王维舟领导的川东游击军积极准备，加紧对敌斗争，迅速扩大游击根据地。1933年10月下旬，围追川东游击军和红四方面军的四川军阀刘存厚、廖雨辰及增援部队共8个团，被红四方面军击退逃窜至宣汉南坝一带后，又遇到驻守在开州三汇口乡与宣汉上峡乡交界处的大梁山川东游击军阻击。由于敌我力量悬殊，唯恐敌军逃窜，川东游击军便派第二支队长王波为代表，到宣汉县城与红四方面军联系，总指挥徐向前亲自接见了王波同志，并派红九军副军长许世友率红九军七十三团、四军二十八团赴南坝、上峡一带增援。

1933年秋，红四方面军在通江得胜山召开军以上的干部会议，制定了"宣达战役"的作战方针及其战斗部署。经过动员和准备之后，川东游击军配合红军，于10月26日夜分三路向敌人发起进攻。敌廖雨辰部退守开州、开江边境的杨柳关、凉风垭一线，并在大梁山北侧，杨柳关下的唐家湾、砂锅厂一带的山坡正斜面构筑工事，居高临下阻击红军，企图负隅顽抗。川东游击军王波、冉南轩、雷雨苍、吴志太等率部配合红四军于10月27日傍晚，由上八庙（即上峡乡）、孟家河坝、峡口场（即凉风乡）、葫芦坝等处出发，采取正面佯攻、侧面迂回的战术，向退守至杨柳关到七里峡一带的敌军发起攻击，以锐不可当之势，分别向石碓关、界牌、大梁山脉守敌发起总攻。

10月28日，红军和川东游击军在东线先后攻占了石碓关、界牌，西线攻占了赫天池、唐家湾、砂锅厂、杉木尖、凉风垭等敌军阵地，敌军退至高桥关、杨柳关主峰以及开江永兴场一带继续

◆ 杨柳关
　开州区文化和旅游发展委员会　供图

顽抗。29日，敌我双方在山梁上激战了一昼夜，炮声隆隆、火光冲天，各种枪炮声汇成一片。30日拂晓，一、三中队悄悄运动到敌军阵地前沿。这时，山头大雾弥漫，能见度很低。红军抓住机会迅速出击，几个山头同时响起激烈的枪炮声和喊杀声。守敌在睡梦中惊醒，一时不明底细，但听枪声紧迫，一排排子弹横扫过来，顷刻间就倒下数人，立刻就炸开了锅。他们闹哄哄地叫骂着，慌乱地穿衣、抓枪，夺门而逃。红军很快就控制了杨柳关外一些制高点。

这时天已大亮，雾也开始散开。正面之敌利用有利地形，居高临下用机枪交叉扫射，封锁住山谷狭道进行疯狂抵抗。红军发起的几次冲锋都未成功，伤亡较大，被迫退回。时近中午，红军仔细观察地形后重新调整了战斗部署，以二中队为主，组织一个尖刀连从正面佯攻。突击队分为两个战斗小组，利用灌木丛作掩护,攀登悬崖,迂回到敌人侧翼出击。这一招果然奏效。不一会儿,山后响起激烈的枪声和喊杀声,红军仿佛从天而降,敌人腹背受攻,惊慌失措,乱作一团,官不管兵,兵不顾官,各自寻路逃命。在狭窄的山路上,几百敌人你挤我、我挤你争着跑,向三汇口方向仓皇逃去。红军胜利地占领了杨柳关。

敌人溃退时,红军尖兵部队乘胜追击到大梁山脉南麓的开州境内。一股10余人,由杉木尖经龙王寨追到小分水;一股20余人,由杨柳关经双庙子追到三汇口上场附近的戚家寨、肥猪寨。因后援部队未跟上,两支小股部队在当天下午五六时左右即返回了山上阵地。31日上午,红军一支13人的小部队,进入三汇口场上,挑走了中街富商付洪泰盐店的几挑食盐。

至此,全战告捷,主力红军与川东游击军胜利占领杨柳关,击退四川军阀刘存厚、廖雨辰及刘湘增援部队共八个团,共毙、伤敌人5000余人,缴获枪支武器1000余支,随后红军和游击军即坚守在大梁山上和高桥关、破池子一线。敌人后续部队还在源源不断增加,红军终因减员较大,且弹药将尽,被迫转入防御。至11月中旬,红军主动撤至南坝场、宣汉、达县一线与敌对峙。

开州杨柳关战役的胜利,宣告了刘存厚匪军的覆灭;川东游击军与红四方面军胜利会师,川陕革命根据地与游击区联成一片。红军英勇作战和不怕牺牲的精神、严密的纪律、对穷人亲如兄弟的感情,却给开州人民留下了深刻印象。

在红军胜利的鼓舞下,三汇口、天和火焰坝等地的人民群众自发地奋起斗争。当敌军廖雨辰部从杨柳关上溃逃山下时,贫苦农民李耘金、李耘田兄弟在关下百步梯路旁,用量粮食的圆斗伪装成大炮，截击逃敌尾子，缴获步枪8支。同时在红军撤离杨柳关，敌军又未返回三汇口的六七天时间里，李耘金、杨瑞堂串联三汇口、天和火焰坝一带的贫苦农民戚瑞成、金瑞山、周青山、李耘太、戚青狗、彭国鑫等60多人，组成一个连赶到宣汉去投奔红军。由于他们未与红军联系上，又在宣汉南坝镇葫芦坝被地主武装冲散，李耘金在战斗中牺牲，大部分人返回了开州。

红军攻下杨柳关震慑了敌人，鼓舞了民众，扩大了我党和红军的影响，播下了革命火种。人民编唱歌谣、歌颂红军和川东游击军："红军打下杨柳关，干人心里好喜欢；土豪吓得钻洞洞，刘湘哭得喊皇天。""红军总指徐向前，拖着'瘟'牛转圈圈；'老牛'拖得皮包骨，'仔牛'拖得打偏偏。""乡长保长你莫歪，红军就要过关来；再不低头认罪舍，谨防'砂罐'把花开。"

2001年，杨柳关红四军战壕遗址被列为开州区文物保护单位，先后划定文物保护红线。有序开展遗址修缮，2018年围绕杨柳关厚重的文化底蕴和红色资源，编制了杨柳关红色旅游园规划。修复5条长约500米的作战战壕、1座无名红军墓、一块面积800平方米的练兵场，新建红色文化广场1个、文化墙14块，旅游人行便道1300余米。

梁平区

◆ 中国工农红军四川第一路战斗遗址

中国工农红军四川第一路战斗遗址位于梁平虎城场镇的猫儿寨。梁平位于川东平行岭谷的第三条山脉明月山间形成的东西两岭夹一槽的槽地里，山脉北段进入达县、开江境内，山的东面是平畴万顷的川东大坝子，农业发达，物产丰富，山上茂密的百里竹海易于栖身战斗。

猫儿寨当然也具备同样的作战优势。猫儿寨是虎城场镇以西附近的一个天然石寨，寨上田畦交错，水渠、塘堰完好，更拥有良田无数，寨墙、寨门皆以巨石筑成，坚固牢靠，是个易守难攻的天然军事堡垒。

民国年间，猫儿寨所在的虎城乡是虎南革命的中心地带，猫儿寨当时被国民党兵占据。为攻下山寨建立革命根据地，中国工农红军四川第一路官兵三千余人曾在这里进行过艰苦的战斗。

1927年，梁山第一个党组织虎城乡党小组成立。1927年12月，临时省委批准成立梁山县委，下辖城区、虎城、仁贤、龙沙、

◆ 中国工农红军四川第一路战斗遗址
梁平区民政局　供图

太平5个党小组共26名党员。1928年至1930年间，乡民金治平、胡德火、伍泽甫等相继参加中国共产党领导的农民运动。

1929年7月下旬，由两个师、一个特遣队近三千名官兵组成的中国工农红军四川第一路，在总指挥旷继勋、特委书记邹进贤、党代表罗世文的带领下，辗转西充、营山、大竹等八个县，来到梁（山）达（县）交界的南岳场驻扎。在与梁山党组织联络上后，接受虎南区委的建议，拟打下虎城猫儿寨，建立革命根据地。

梁山党组织为此筹款两千大洋，迎接转战多地县到达达县南岳的中国工农红军四川第一路旷继勋部，并配合攻打虎城猫儿寨。经过讨论，决定攻打猫儿寨西门，因为猫儿寨四面绝壁，难以强攻，唯西门外地势稍微平缓，或可一试。

深夜，红军决定攻打猫儿寨。主攻西门的红军为郭仲琪部，他们由李云程带路，凌晨赶到寨墙边时，发现寨子西大门虚掩，便顺势而进。到第二道门前时，门却紧闭不开。这时，敌军杨团副和石文蛟巡夜，他们看见寨门边有一支赤着膀子的队伍，装备、帽子与自己团丁不一样，即令随从开枪射击，一时间子弹横飞，无数红军战士倒在血泊中。

红军撤出战斗，向百里槽的九道河转移。敌人前堵后追，前后夹击，红军撤到开江县马鞍山夹巢沟时，又被军阀刘存厚部包抄"围剿"。剩余红军越来越少，转移到达县万家坝碗厂沟云雾山一带，又遭反动武装阻击……

猫儿寨战斗失败，中共梁山县委紧急派人，按照事先预定方案，直奔九道河，将旷继勋秘密转移到梁山公学，然后护送到上海，罗世文则转移去了重庆。旷继勋领导的中国工农红军四川第一路攻打猫儿寨虽然失败了，但是这支农民武装迸发出的力量，让刘存厚部胆战心惊，猫儿寨战斗因此在川东一带产生了重大影响。

红军战士英勇作战的勇气震撼了当地的国民党统治势力，锻炼了革命队伍，为党提供了宝贵的武装斗争经验。红军英勇奋战、不怕疲劳、不怕牺牲的生动事迹和崇高精神，也为后来的四川红军第三路游击队、川东游击军第一支队、虎南游击队树立了光辉榜样。

今天的猫儿寨，耕作的农人踏着薄雾在田畦劳作，一派田园风光景象。仅有寨上耸立的一座纪念碑诉说着多年前的那场苦战，碑的正面写着"中国工农红军四川第一路战斗遗址"字样，背面写着"中共虎城乡党小组旧址"字样，提醒着人们今日的和平来之不易，需倍加珍惜。

武隆区

◆ 四川第二路红军游击队司令部政治部旧址

四川第二路红军游击队司令部政治部旧址位于重庆市武隆区双河镇坨田村（又名混石篙）。

旧址整栋楼房为木结构建筑，由三个四合院楼房组成，四周修有石砌围墙，屋后修有炮台，院内设有戏楼、书房、客厅、饭厅和卧室等设施，原为大地主黄映辉、黄均善等人的庭院。

1929年底，中共四川省委为了进一步贯彻八七会议精神，根据中央在各地组建红军"开展土地革命、武装反抗国民党反动派"的精神，决定在全省成立一、二、三、四路红军游击队，建立革命根据地，开展武装斗争。为了开辟涪陵、武隆、丰都、石柱、彭水、忠县交界边区革命根据地，四川省委决定由省委常委、省军委书记李鸣珂同志在涪陵地区组建四川红军第二路游击队。

不久，李鸣珂来到涪陵，召集了中共涪陵县委书记苟良歌，县委委员周晓东、陈湘源、陈静等商量组建二路红军游击队事宜，并在城郊杨家花园成立了涪陵特别行动委员会。根据省委决定，由李鸣珂同志任特委书记，其余同志为委员，作为领导兵变组建二路红军游击队的领导机构。

涪陵特别委员会在李鸣珂同志的领导下，首先开展了发动国民党驻涪陵郭汝栋部的兵变工作。1939年3月17日，郭汝栋部一师一团三营十一连连长、共产党员赵启民乘奉命出川之机，率领51名士兵起义，冲出敌人封锁圈，到达革命根据地——罗云坝，受到了中共罗云支部和罗云人民的热情接待。

罗云支部负责人尹觐阳、刘伏洋、李焕堂等根据涪陵特别委员会和涪陵县委的指示，积极开展组建二路红军游击队。经过一段时间的努力，动员和组织了700多农民参加红军，并与起义的51名士兵一起组建了二路红军游击队主力。1930年4月初，成立了中共四川二路红军游击队前敌委员会，确定二路红军游击队分为两个大队、四个中队，中队以下设分队和小队。1930年4月7日，四川第二路红军游击队在涪陵罗云坝铜矿山鸡石尖宣告正式成立。

二路红军游击队建立后，被国民党反动派视为眼中钉，四川军阀刘湘派廖海涛师三个团"围剿"罗云坝这股新生力量。在敌我力量悬殊的情况下，二路红军游击队前委决定，向既偏远又有利于开展革命活动的武隆仙女山地区转移。

1930年4月7日下午，刚刚成立的二路红军游击队在苟良歌、周晓东、赵启民等人的带领下，浩浩荡荡向武隆仙女山挺进。二路红军游击队经落东坝，过大木峡，上油槽梁子，翻武陵山，4月8日，再兵分两路：一路由赵启民带领百余人抵达武隆仙女山下双河烂坝子，当地农民放鞭炮欢迎。在与陈茂胜领导的"同心社"即"土地社"取得联系后，发动群众，打开烂坝子苞谷大王的粮仓，把苞谷分给穷人。并立即开展了宣传动员群众参加红军和成立农民协会等工作，并驻军梅子坳。

另一路由尹觐阳率红军游击队主力，取道大木直插厢坝，准备争取汪长清的"神兵"队伍。但由于事先没有联系，游击队行至泥塘，遭"神兵"左传合部阻击。为了避免误伤，二路红军游击队只好改道由磨子岩抵达仙女山。4月10日，两支游击队在梅子坳胜利会师，司令部设在双河场。

部队到达的当天，就动员"同心社"成员缪孝成、赵汉青、李兴发、洪登吉、王同仁、范先培、敖朝忠、李永祥、苏贵福、冯海江、周成义、罗春和、周汉青、罗延寿、李长安、赵海青等17人集体参加红军游击队，为红军游击队带路、站岗放哨、联系群众等。然后，游击队司令部派出大量宣传队伍，以口头宣传、散发传单和张贴标语等形式发动群众，当地青壮年纷纷参加红军，使二路红军游击队迅速壮大起来。

二路红军游击队进入仙女山后，团结一切可团结的力量，大力开展统战工作，先后联合、改造了秦兴隆、左传合的"神兵"，粉碎了周燮卿的假联合阴谋，壮大了红军队伍。1930年4月17日，在双河烂坝子成立了仙女山游击区建立以来的第一个农民协会——烂坝子农民协会。由蔡兴旭任主任、魏元山任副主任，有会员100多人，这些会员多数是原"土地会""同心社"的成员。4月20日，又在坨田成立了坨田农民协会，由秦银山任主任，曾炳田任副主任，有会员70余人。

烂坝子农民协会和坨田农民协会成立后，在二路红军游击队的领导下，开展了"打富济贫"活动。烂坝子农民协会带领当地农民，打开烂坝子和坳上的地主粮仓，粮食除一部分用于红军游击队给养外，其余分给了生活困难的穷人。坨田农民协会领导农民，打击那些民愤极大、罪恶极重的土豪劣绅，如王焕亭、罗辛岩、黄映辉、黄均善、黄熊氏等。5月10日，坨田农民协会在殷家坝召开群众大会，当众烧毁了地租契约，把土地分给农民，宣布土地谁佃谁种、谁种谁收。红军走到哪里，就在哪里受到贫苦农民的热烈欢迎。

仙女山地区农民土地革命斗争的蓬勃发展，沉重地打击了豪绅地主和国民党反动地方政府，国民党涪陵县政府十分恐慌，视红军游击队为心腹大患。坨田地主黄映辉潜入涪陵，向涪陵县政府和团防军状告红军游击队和农民协会，请求对仙女山地区的红军游击队进行"清剿"。于是，国民党涪陵县长谢汝霖下令白涛区团总杨德铨派兵前去"围剿"。

1930年4月23日中午，二路红军游击队政治部宣传队正在坨田地主黄文德家的戏楼上，为当地群众演出《打土豪》新剧的时候，白涛区团总杨德铨带领1000多人分两路，一路由杨寿禄带队从后槽直奔坨田，一路由白涛镇镇长周振树带领从中堡而下抄袭，达到合围坨田的目的。

二路红军游击队前敌总指挥赵启民接到敌情后，命令二大队队长刘玉泉带领一个中队抢占坨田后面山头的制高点，粮食委员韩和涛带领直属后勤人员撤到后山，政治部主任周晓东、分队长关才带领先锋队员周云武、宣传队员罗少清等人，与敌人开展政治宣传。杨德铨所带之敌与红军游击队在刺竹林展开了激烈的战斗，红军游击队英勇顽强，打退了敌人一次又一次的进攻。

坨田大战告捷后，1930年5月14日，二路红军游击队根据当时形势的需要，向丰都转移，去联合汪长青的"神兵"队伍。根据上级指示精神，二路红军游击队划分成若干小分队，从丰都回龙出发，分别奔赴武隆、彭水、丰都的边界开辟游击区，扩大革命根据地。

1930年6月2日，二路红军游击队开赴武隆桐梓山后坪坝开辟革命根据地。6月13日，后坪坝苏维埃政府正式宣告成立，赵月明、罗吉普当选为正、副主席，政府办公机关设在高峰槽。7月18日，二路红军游击队从狗子水出发，离开了武隆地区。24日在石柱鱼池坝遭国民党反动派和地方武装以及军阀陈兰亭部三个团的

◆ 四川第二路红军游击队司令部政治部旧址
　　武隆区档案馆　供图

"围剿"，二路红军游击队战斗失利，损失惨重，只有80余人突围而出。8月23日，突出重围的二路红军游击队，辗转撤到丰都的蒲家场，游击队总指挥王岳森悲观失望，强行宣布解散二路红军游击队。至此，四川第二路红军游击队活动结束。1931年6月，四川第二路红军游击队建立的后坪坝苏维埃政府，也惨遭敌人"围剿"，宣告失败。

1983年6月24日，武隆县政府将位于双河乡的四川省二路红军游击队司令部、政治部旧址列为县级文物保护单位。1984年10月，双河乡政府在旧址立碑纪念。四川第二路红军游击队在武隆传播了革命思想，唤起了武隆人民的觉醒，他们的革命精神永远激励着武隆人民。

◆ 火炉胜利口战斗遗址

火炉胜利口战斗遗址位于火炉镇南部的木水村，距火炉镇政府5千米。此地原名"土地坳"，两边坡陡林密，中间隘口是通往中嘴、武隆城区的唯一通道，地势易守难攻。

火炉古称福来乡，清朝同治年间由新兴场改称火炉铺，位于乌江北岸官商两道之要冲"一楼镇九铺"的大塘路商道上。大塘路商道起源于秦汉，初兴于盛唐，盛极于明清。大塘路商道从涪陵发端，水路是极为凶险的乌江水道，陆路途经火炉铺直抵彭水保家楼，是渝东南酉秀黔彭经武隆去涪陵到重庆的必经之地。

火炉铺就是这条线上最大最繁华的一个铺子，铺子周围有三座海拔七百多米的山堡拱卫着这座小镇，分别是况家堡、木鱼堡和寨子堡，它们呈掎角之势扼守进出火炉铺的三条道路，历来为兵家必争之地。在旧社会那个匪患猖獗的年代，当地的大家族成立湖州会馆组织人员在三座山堡上设置岗哨，观察和排查所有进出火炉铺人员，才保得一方平安。

1949年11月1日，人民解放军进军大西南战役开始。蒋介石任命宋希濂为川、黔、湘、鄂边绥靖公署主任，负责建立"川鄂湘边防线"，该防线北起湖北巴东，南至贵州天柱，宋希濂投入六个军十万人的兵力布防，企图阻止解放军向西南地区进攻。11月7日，二野三、五兵团和四野一部在刘伯承司令员、邓小平政委的率领下，一举突破国民党宋希濂集团的川湘鄂边区防线，解放秀山。湘鄂西的西南防线全线崩溃，8日宋希濂西撤至彭水龚滩一线布防。14日，解放军攻占龚滩。16日，二野十一军和四野四十七军攻占彭水县城。彭水解放后，敌军溃逃至白马山一线布防。四野四十七军一四一师从彭水郁山镇西进武隆，于11月19日进入武隆沧沟境内，在龙坝乡的黄桷树与敌钟彬十四兵团十五军六十四师残部接火，敌退至火炉铺木水槽、土地坳一带布防，妄图凭借地形优势，阻止解放军前进。

20日凌晨，四野四十七军一四一师进占火炉铺，与地下党接上关系后，由向导带路，乘胜追击至木水槽，遭敌军伏击。此时，据守在土地坳上作困兽之斗的是宋希濂残部的两个排。有重机枪两挺、轻机枪六挺、82炮两门，任务是在此阻击解放军，以掩护其主力向涪陵方向溃逃。而尾随其后紧追不舍的则是二野十一军先头连（连长姓王）。

解放军追至坳口，遭到坳上敌军疯狂阻击，敌军凭借有利地形和精良的武器打退了解放军两次冲锋。在冲锋中，四个战士倒下了，王连长果断下令，留下二三排作正面佯攻，一排的一、二班从右边的左家湾、石梁子迂回包抄，另一个班则从左边的狮子岩迂回。坳上敌军被两个排强大的火力吸引，无暇注意解放军的迂回包抄。半小时后，二十余枚手榴弹在敌军战壕爆炸，敌军血肉横飞，鬼哭狼嚎。硝烟散尽，王连长挥动驳壳枪带领解放军呐喊着"缴枪不杀"，勇猛地冲上坳来，可是战壕中的顽敌却将一颗罪恶的子弹射向了冲在最前面的王连长……

为了全歼木水槽、土地坳的国民党残军，解放军立即迂回夹击，击溃木水槽之敌，一部分国民党军逃跑，解放军追敌到中嘴，在关山坡歼敌一个团，俘敌300多人。

解放后，火炉铺人民将在黄荆树坡和胜利口两次战斗中牺牲的19名解放军战士安葬于此，他们分别是史勋益、徐远文、王维敏、张仕才、罗中武、王连长、文强华、吴景仁、张文川和10位无名烈士。为纪念这场壮烈的胜利，土地坳改名为胜利口。2011年10月，武隆民政部门和火炉镇人民政府在胜利口新建一座英雄纪念碑，缅怀革命先烈。每年清明节，都有大量市民前来祭奠。如今，随着胜利口红色故事的流传，这里也成为了一个红色旅游基地和革命传统教育基地，英烈们的传奇故事在这里世代相传。

城口县

◆ 城万红军指挥所旧址

城万红军指挥所旧址位于双河乡余坪村四社刘家院子,由正厅、左右厢房组成。建筑面积318.4平方米,悬山式穿斗木结构,小青瓦屋面。房屋原为地主修建,后改为民居。

辛亥革命后,城口处于南北政权互相争衡的边缘前哨,军阀混战,土匪猖獗,豪绅肆虐,人民生灵涂炭,苦不堪言。在死亡线上挣扎的劳动人民走投无路,为了自己的生存,反抗呼声日益高涨,进行革命的烈火一触就会燃烧起来。

1927年"四一二"反革命政变发生后,在上海、武汉等地从事革命活动的川东共产党员纷纷回到家乡开展革命活动。王维舟、李家俊、雷玉书等共产党员根据中共八七会议确定的土地革命和武装反抗国民党反动派的总方针,决定以万源固军坝为据点,发动川东农民开展武装起义。成立了以李家俊为组长的起义领导小组。在城口、万源、宣汉等地广泛宣传革命,发动群众,建立农会,组织农民武装,公开进行反对苛捐杂税、反对军阀团阀的斗

◆ 城万红军指挥所旧址
城口县民政局 供图

争。在起义小组的发动下，城口周溪、余坪、双河、庙坝、中河、蓼子、明通等地的农民纷纷参加起义，起义人员与日俱增，起义队伍不断壮大。

1929年4月27日，1000余农民起义军在万源固军坝举行誓师大会，宣布起义，并统一编为"川东游击军第一路游击队"，由李家俊任司令员。5月12日，起义部队在白羊庙歼敌一个连七十余人，缴获枪支五十余支，首战告捷，并在城口、万源、开县、宣汉一带山区开展游击战争。1929年6月，通过在城口、万源、宣汉等地招收青壮年农民集训，组织和发动群众建立农协会，组织群众参加起义队伍，城（口）万（源）农民起义军已发展到2000多人。根据中共中央关于"在割据区域内所建立之军队，可正式命名为红军"的指示，李家俊把这支起义的农民武装改编为城（口）万（源）红军，统一使用印有铁锤镰刀的大红旗。城万红军也成为重庆地区首支打出红军旗帜的武装力量。城万红军成立军事指挥部，李家俊任总指挥，徐永仕任参谋长。下设三个支队，分别向城口、万源、宣汉发展，建立农会，开展打土豪、分田地等革命活动。

城万红军在刘家院子设立指挥所，以这里为据点，传播革命星火，发动了巧取魏家湾、激战樊哙店、进取七里沟、硬取双河口等战斗。1930年3月，李家俊率领城万红军游击队三千余军民进攻城口县城，将县知事击毙，缴获一批枪械。城万红军入城后，宣布没收地主土地、烧毁契券等政策。建立了一个区农会、六个乡场农会。对于各乡的土豪劣绅，则由各乡农民协会从权处理，数十名重罪豪绅被处以死刑，影响震动全川。

城万红军在大巴山深入宣传发动群众，发展革命力量，推翻封建统治，建立农民政权，为川陕革命根据地的创立打了基础。虽然只是短暂存在过，但是它在历史上熠熠生辉，永远铭记史册。为加强保护和利用，城口县于2015年开始旧址维修、复建。2019年被公布为市级文物保护单位。

◆ 红三十三军指挥部旧址

　　红三十三军指挥部旧址位于城口县坪坝镇政府驻地东北方约1.9千米处，为"L"形布局瓦房结构，原是龚姓人家的宅院。当年龚家人居住的这个木质房屋，如今已成为历史文物保护点、红色主题革命教育基地。

　　1932年12月，红四方面军进入川东北的通江、南江、巴中一带，点燃革命烽火，建立了川陕革命根据地。随着红四方面军入川，川东游击军迅速发展到1万余人，成为发展和巩固川陕苏区的一支重要武装力量。

　　1933年10月，西北革命军事委员会决定，将川东游击军改编为中国工农红军第四方面军第三十三军，王维舟任军长，杨克明任政治委员，设三个支队。使之成为发展和巩固川陕苏区的一支重要力量。红四方面军发动宣（汉）、达（县）战役并取得胜利，解放了宣汉、达县、万源三座县城并乘胜东进城口。

　　10月下旬，红军解放了城口西部地区。中共川陕省委、川陕省苏维埃政府决定，建立城口县苏维埃政府，建立城口县委。县苏维埃政府下设秘书处、保卫局、革命法庭、军事指挥部、经济委员会、粮食委员会、妇女委员会等机构，下辖区、乡、村三级基层政权组织。

　　1934年5月，红军在地方赤卫队、游击队的配合下兵分三路从大竹河出发向城口中心区域进军。

　　1934年6月，红三十三军二九五团经长池垭向驻守坪坝大梁的敌军发动进攻，一举歼灭敌军5个连，缴枪200多支，胜利占领坪坝大梁。红二九五团在长池垭设立团部，三十三军在此设立临时指挥部，军长王维舟指挥部队清剿残敌和镇压地方反动武装巩固革命根据地，帮助地方党政开展苏区建设。红军在城口一面继续清剿残敌，巩固阵地，一面抽调熟悉地方工作的干部开展党的建设和苏维埃政权建设以及训练地方武装等工作。到1935年2月，城口县全县建立了5个区委，9个乡党支部，共发展党员100余名。为川陕革命根据地的拓展和巩固起到重要的支撑作用。

红军当年驻扎各地时，经常会帮助农户挑水劈柴，而当地农村妇女则会做一些"麻窝子"鞋送给红军，双方亲如一家。1934年9月，王维舟的脚有一天不知被什么虫子咬了，肿得像馒头，痛

◆ 红三十三军指挥部旧址
城口县民政局 供图

得半夜都睡不着觉。当地农户庞玉珍见状后就用起了土方法，从烟杆里掏了些叶子烟油出来涂在王维舟的伤口上。没想到几天后，王维舟的脚竟痊愈了。

当地爆发"鸡窝寒"疫情后，徐向前就连夜指示驻扎在坪坝大梁上的王维舟火速赶到坪坝街上，召集区苏维埃干部和红军药房的医生开会商量对策，并派了二十多名红军战士到位于大竹河的红四方面军军部医院背运药品并沿途采集中草药，努力研究控制流感的方法。最终，这次疫情在短短一个月的时间里就得到了有效控制。红军药房的医生也被当地老百姓亲切地称为穷人的"救命活菩萨"。

在当地还流传着不少红军战斗的故事。在海拔3000米的八台山，敌军包围了数日，想困死山上的红军。李先念率领部队坚守阵地，缺兵少粮的红军战士们摘野果、吃野草、饮山泉水，打退了来犯的川军和土匪武装。在清除苏区内封建反动组织的斗争中，红三十三军秘书长魏传统提出用"清油换子弹"，成功与当地土匪王三春达成协议，兵不血刃拿下地方反动武装……

这些红军故事在当地群众中流传，自愿参加红军的人也越来越多。据统计，当时城口全县仅有5.7万人，其中就有五千多人投身革命斗争，三千多人参加红军或游击队。

还有些故事跨越时空，书写了另一种军民鱼水情。王波原是红三十三军九十九师师长，在城口龚家大院时他才25岁。1976年，王波再回龚家大院时，已是七十多岁的老人。见到周英珍的那一刻，王波激动地拉住她的手，话里满是感谢："在城口战斗期间，是你们一家养活了我们。"此话不假，在保证红军后勤供应方面，城口人民可谓倾尽所有、毫无保留。据资料记载，红军在城口战斗期间，正好遇上旱灾、虫灾，粮食歉收，城口人民通过各级苏维埃政权捐粮十多万公斤，赠送草鞋五千余双、斗笠二千多顶，并捐献大量蔬菜和肉类，保障了红军将士的口粮。

　　1990年11月，红三十三军指挥部旧址被城口县人民政府公布为城口县县级文物保护单位。为加强保护与利用，城口县于2011年开始旧址维修、复建，现面积约2000平方米，一楼的房间为陈列室，展现了李先念、王维舟、李家俊等老一辈无产阶级革命家在城口这片红色沃土上艰苦作战的情境。2009年，被重庆市人民政府公布为重庆市文物保护单位。

　　如今城口这个革命老区正在打造红色旅游线路，打造生态旅游城市。随着交通的改善，越来越多的人前去城口缅怀先烈，欣赏自然之美。

◆ 空壳洞战斗遗址

　　空壳洞战斗遗址位于城口县庙坝镇西北面的悬崖绝壁上，是城口重点革命文物保护单位。此处地势险要，三面无路，只有东面一条羊肠小道经白凹岩可到达空壳洞口。洞旁有水源，洞内宽敞，冬暖夏凉，分上下两层，可容数百人栖身。

　　1934年夏，军阀刘存厚下属的民团彭国民部在一次战斗中被

◆ 空壳洞战斗遗址
城口县民政局　供图

红三十三军二九七团打垮。彭国民带着残部八十余人，裹胁村民三百余人携带钱物退进空壳洞固守。彭国民的残部带着两门土炮、数十支步枪以及手榴弹，经常组织下山偷袭红军驻地，或者抢劫钱粮，破坏刚建立的苏维埃政权。由于空壳洞易守难攻，红军一时没有其他办法，只能在山下对其进行包围。

1934年11月，在围困彭国民部近半年后，时任红三十三军二九七团团长的王波发现，离空壳洞不远的冻家山上，苞谷已经开始成熟。看着日渐成熟的苞谷林，一条妙计也在王波的脑海里逐渐形成，他决定采取引蛇出洞的办法消灭彭国民残部。

随后，王波带着二九七团的红军战士围攻空壳洞。红军包围空壳洞十多天后，佯装久攻不下心生厌倦，撤除了对空壳洞的包围。几天后，据守空壳洞的彭国民发现红军好像真的已经撤退，便开始出洞活动，并在出入该洞的唯一线路上的白凹岩、火草坪等地设岗哨、修工事，妄图扩大空壳洞的防守区，同时胁迫村民去冻家山上采收苞谷，为过冬囤积粮食。让彭国民没有想到的是，他的一举一动都在红军监视之下。

11月25日夜，王波率领三营第三连和后溪的赤卫队星夜赶至火草坪，除掉了敌人所有岗哨，直抵距洞口仅一箭之地的白凹岩。王波命令二九七团重新回到山崖之下，佯装对彭国民部发动进攻，吸引对方注意力。同时组织精干战士由赤卫队队长带队，于26日夜从洞口左侧小沟槽隐蔽处，用绳索系箩筐的方法把余连长等四人送至悬岩下的洞口旁。余连长他们干掉三名哨兵，控制洞旁水源，封锁洞口，这时，大队红军开始顺着羊肠小道蜂拥而上。当王波带着红军战士冲进空壳洞时，彭国民正在与团丁喝酒划拳。面对从天而降的红军，大部分民团团丁都举手投降，被困在洞中的数百名村民也因此得救，红军还缴获了洞内反动武装的全部枪弹和一万多斤粮食。红军将彭国民、刘立保等头目押送庙坝区苏维埃政府公审后镇压。

刘存厚后来遭到红军徐向前部大败，丧失绥定，被蒋介石追究轻弃据点之责，罢免了本兼各职。此后，刘存厚的军事及政治生涯结束，隐居成都。

庙坝是川陕革命根据地城口苏区的重要组成部分，境内存留有多处红色纪念旧址和遗址。在这片红色土地上，当年参加红军和游击队的贫苦百姓多达三百人，"空壳洞"战役中，仅石兴村就有四十五人参加战斗。

今天的空壳洞战斗遗址已经成为了城口重要的红色旅游景点，为无数游人追忆当年的红色故事提供了有力佐证，成为了城口人民追思红军英勇战斗的爱国主义教育基地。

◆ 城口县庙坝区苏维埃政府遗址

庙坝区苏维埃政府遗址位于城口县庙坝崇德街。庙坝地处城口县西南部，东与高燕镇接壤，南与周溪乡、蓼子乡为邻，西与双河乡相连，北与沿河乡、坪坝镇为邻，距城口县政府驻地13.5千米。

1933年10月下旬，红军解放了城口西部地区。中共川陕省委、川陕省苏维埃政府决定在大竹河（今万源大竹镇）建立城口县苏维埃政府。随着红军根据地的建立和发展，相继建立了区、乡、村苏维埃政权组织。

1934年，国民党军队接连向川陕革命根据地发动"六路围攻"，城口是东线的重要战场。为了牵制敌人，红三十三军在政委李先念率领下，翻越海拔2000多米的八台山胜利突围，为后续部队打通了一条川陕通道。

同年5月，红三十三军二九七团经大竹河、白果坝、歪头山、

◆ 城口县庙坝区苏维埃政府遗址
　城口县民政局　供图

岔溪河、黄莲坪等地，7月夺取了庙坝，红三十三军二九七团在此设团部，红三十三军指挥所也设在庙坝。并以此为中心进行了老鹰洞、狮子包和智取空壳洞等一系列战斗。

红三十三军二九七团解放城口庙坝后，首先建立了乡村苏维埃，之后，县委书记王朝禄到庙坝组织建立了庙坝区苏维埃政府，并组织群众成立了游击队、赤卫队和工会等群众组织。动员了一批青年农民参加红军，扩大了红军队伍。红军进入城口，每占领一个地方，就组织农民建立村苏维埃和贫农团、少先队、儿童团、运输队等群众组织。随着红军根据地的建立和发展，相继组建了区、乡、村苏维埃政权组织。到1934年9月，全县共建立了6个区苏维埃政府、24个乡苏维埃政府和80多个村苏维埃政府。1934年9月15日城口县第一次工农兵代表大会的召开，标志着城口苏区内已经形成了完整的政权组织体系。

城口建立了完整的苏维埃政权组织体系，并设立秘书处、保卫局、革命法庭、军事委员会、经济委员会、粮食委员会、妇女委员会等政府机构。革命法庭设审判委员会、公诉处、申诉登记处、执法处，所解决的案件，必须向省革命法庭报告，不能解决的问题须移交省革命法庭。这些机构的设置，为苏区社会稳定和生产发展起到了极为重要的作用。

《川陕省苏维埃组织法》明确规定人民群众有选举权、被选举权、监督权和罢免权，群众与法庭审判人员可以共同公开审理案件；如果被人陷害或遭受冤屈，有权向革命法庭提出诉讼。《赤色民警条例草案》还规定，民警不得擅自实施逮捕、搜查住宅、虐待犯人，保障人民群众享有广泛的基本权利。同时还出台相关法律全面保障劳动者、妇女、伤亡人员亲属和专门人才，保障男女平等、同工同酬，保障男女在医疗、住房、社会保险、受教育方面享受同等权利。

城口县苏维埃政府成立后，县、区、乡苏维埃政府都设置了粮食委员会，负责征集、储备公粮，积募军粮，支援红军。在县财经委员会的组织领导下，大竹河、坪坝等地开设了百货商店和茶叶、药材收购店，还开设了旅馆、饭店、药房等。红军后勤部和县经济委员会组织商人到陕西做生意，用城口土特产以物易物，换取苏区紧缺的布匹、盐巴等物资。区经济委员会代收累进税统一缴予县财政，乡村经济委员会收存粮食及种子、集中公粮。

1934年秋，城口农民第一次耕种自己的土地获得收成后，就向苏维埃政府捐献拥军公粮十万多斤，红军和苏区党政机关及农民群众的生活有了极大改善。苏区党政军还采取措施，开展戒烟运动，根除危害人民健康的鸦片烟，提高人民的健康水平。

红四方面军为积极配合红一方面军实行战略转移，于1935年1月撤离城口，西渡嘉陵江，参加长征。红军撤走后，城口人民继续坚持斗争，一方面与国民党反动派、土豪劣绅展开殊死斗争，同时顽强抗击土匪的骚扰，另一方面面对日寇的侵略，积极投入到抗日战争中。

据不完全统计，红军在城口战斗期间，城口县有三千多名青壮年参加红军和游击队，庙坝人民为支援红军的建立和保卫苏维埃政权作出了巨大的贡献。

1984年，为纪念红四方面军解放城口后成立城口县苏维埃政权，城口县政府在遗址上建成了苏维埃政权纪念公园，以示人民的瞻仰缅怀之情。今天的城口县苏维埃政权纪念公园已经成为城口县的红色旅游经典景点，并获重庆市级爱国主义教育基地、县级爱国主义教育基地、县级文物保护单位等称号。

丰都县

◆ 丰都县革命烈士纪念馆

丰都县革命烈士纪念馆位于丰都县城八一广场,原名"名山镇革命烈士陵园"。2002年,因三峡工程建设,原陵园建筑被全部拆除。2006年,丰都县政府在三合街道雪玉路362号复建陵园,建成后更名为"丰都县革命烈士陵园"。后又经两次扩建,更名为"丰都县革命烈士纪念馆"。2010年12月,纪念馆免费对外开放。

丰都县革命烈士纪念馆占地2万平方米,主要由烈士墓、纪念碑、纪念广场、英烈浮雕墙、烈士事迹陈列馆等组成。

纪念广场上,高大的烈士纪念碑巍巍耸立。纪念碑基座高3米,碑身高12.3米,寓意丰都1949年12月3日解放。纪念碑正反两面镌刻"丰都县革命烈士纪念碑""人民英雄永垂不朽"等大字,基座四周镌刻第二次国内革命战争以来,为革命献出生命的774位烈士英名。

纪念碑后方是圆形烈士墓,墓内安放着石智惠、陶光良、何雪银等烈士和八名无名烈士的骨灰遗骸。墓周植松柏,苍翠繁茂;

高大的纪念碑，庄重肃穆。

烈士纪念碑的正对面是烈士事迹陈列馆。走进陈列馆，首先映入眼帘的是烈士英名墙，墙上的"为有牺牲多壮志，敢叫日月换新天"主题词，寓意着丰都人民"不怕牺牲，勇于献身"的大无畏革命精神。

烈士事迹陈列馆由"革命火种""星火燎原""风起云涌"等七个展厅组成，里面共收集展陈刘伯承、贺龙在丰都的革命经历和丰都较早期革命者、革命烈士的事迹、史料等。

除馆内展陈的331幅图片、35件实物、76篇红色故事、1个革命遗址沙盘和一些影像资料，还通过可视化的方式再现了各个时期丰都人民不畏艰难困苦、不怕流血牺牲的战斗场景，向前来瞻仰的游客介绍先烈们的英雄事迹，让人们从中汲取前进的力量。

1916年3月，刘伯承为配合云南蔡锷护国军和四川护国军在川南与北洋军决战，率川东护国军第四支队利用长寿县城警备队起义内应，攻占长寿县城失败，转而率部长途奔袭丰都县城，以切断长江水路通道，阻滞下游北洋军增援川南，策援川南护国军。

同年3月17日，护国军抵丰都城郊三十里处马口垭扎营，即派联络官康云程率小分队进城联络革命党，侦察敌情，策应攻城。

为御护国军于县城外，县知事许石生特请长江下游赤溪北洋军协防守城，赤溪北洋军派张辅臣营入城协防，妄称"万人团"，企图吓退护国军。

康云程得到情报后求战心切，怕如实回报会影响刘伯承的攻城决心，于是谎称"守军两营，望速攻击"。

3月19日，刘伯承率队夜行到城郊五里的炭厂湾，准备次日清晨"里应外合"攻城。

是夜,张辅臣率主力到城郊新城长坝田筑防阻击。不料,向导余建龙借口"黑夜道路难辨",带其绕道白沙沱,到黎明才抵长坝田,匆忙筑防。

刘伯承趁敌人立足未稳,率队攻击。敌人猝不及防,直向长江岸边溃退。护国军乘势追击,击毙200多敌人后,转向大西门攻城。

攻城战斗激烈胶着。城内康云程与革命党张贴"檄文"、策动守军策应。同时,又派人化装成"阴兵",到大西门上演"阴兵"缉"魂"。革命党领袖李育斋趁乱打开城门,但他连中数弹,壮烈牺牲。

城门洞开,刘伯承一马当先,率部冲锋;快近城门,一战士被敌人围困。刘伯承飞身扑救,被两枚子弹击中颅顶陷入昏迷;一枚擦破颅顶头皮;另一枚则自右太阳穴射入,从右眼眶贯出。支队长王伯常接过指挥,率队冲进城门。敌人见大势已去,纷纷弃城溃退。护国军乘势追击,一举攻占县城。

攻城完毕,刘伯承得城内"恒春茂"药房郎中郑慎之援手,止血包扎获救安顿。

午后,下游北洋军乘船驶抵县城,凭借炮火掩护,向县城反扑。护国军顽强抵抗,数次击退敌人。

黄昏,为阻滞北洋军西进的目的实现,护国军随即撤出县城,转移涪陵鹤游坪休整。

不久,部队因刘伯承伤重无力管理军务,支队长王伯常难以服众解散。刘伯承隐蔽涪陵鹤游坪、新妙等地疗伤。三月后,刘伯承得重庆临江门德国诊所阿医生援手，切除眼眶腐肉治愈，从此失去右眼。在手术中，为保护大脑神经，他拒绝麻醉，用毅力撑过三小时、七十三刀漫长手术，且能记忆所施刀数，被阿医生赞称"军神"。

1923年3月，贺龙率川东边防军警备旅驻防丰都，军纪严明，秋毫无犯，民众赞颂。县知事刘侗布衣草鞋，行德政、释冤狱，却因军阀强横窒碍难行。贺龙与之结为友好，探索革命真理，常至深夜，同榻而眠；并护佑他捉杀恶霸许春樵，革职团总陈合清，清剿盗匪正纲纪。使丰都"政以贿成，盗匪蜂起"事件绝迹。

同年5月，军阀田颂尧旅移防丰都，贺龙避其锋芒退守涪陵，韬光养晦。不久，军阀混战，贺龙率部与陆柏香营合力攻克丰都。留陆柏香营驻防丰都，自己率部返回涪陵。

不料，陆柏香横行无忌，强逼刘侗增筹军饷。刘侗体恤民众，坚决不从。陆将其抓捕关押于禹王宫，欲押万县治罪。贺龙得知，率部赶赴丰都，夜袭禹王宫，提陆营枪支，救出刘侗，劝其投身革命。刘侗不负所望，于成都投身革命，改名刘愿庵，誓与旧社会彻底决裂。之后，刘辗转成渝开展革命活动，曾任中共四川省委宣传部部长、省委书记、中共六大候补委员等职。1930年5月，刘愿庵在重庆被捕，坚不吐实，于巴南英勇就义，年仅35岁。

1930年2月，四川省军委书记李鸣珂奉省委之命到涪陵发动国民党驻军兵变，组建四川红军第二路游击队。同年3月17日，国民党郭汝栋二十军一师一团三营十一连连长赵启民，率领51名士兵，成功于涪陵起义，冲破敌人封锁，经清溪与罗云农民赤卫队会师。

◆ 丰都县革命烈士纪念馆
丰都县革命烈士纪念馆　供图

　　4月7日，队伍转移丰都县顺庆乡鸡石尖大庙，正式宣誓成立四川第二路红军游击队。之后，转战丰都南岸山区，发展队伍至2000余人，成功挫败国民党军和地方民团的轮番"围剿"，建立以栗子寨为中心的革命根据地，覆盖30余个乡镇，面积1.6万平方千米，创建回龙场、太平坝等13个苏维埃政府。

　　8月，虽因新任总指挥王岳生盲目执行李立三"饮马长江，会师武汉"错误路线，执意率主力红军400多人东进，在石柱鱼池坝遭3000多敌人围困，突围转移到蒲家场后解散，但却启蒙了沿线百姓的思想，激发起工农群众坚定的革命斗志。从此，武装革命斗争之火蔓延到丰石、丰武、丰彭等广大边界地区。

丰都县革命烈士纪念馆作为全县人民缅怀革命先烈、开展爱国主义教育的重要基地，曾被评为市级烈士纪念建筑物保护单位、重庆市爱国主义教育基地、重庆市国防教育基地和县级干部教育培训现场教学基地。自开馆以来，年均接待参观祭扫群众5万余人次，为传承红色基因、赓续红色血脉发挥了重要作用。

◆ 包鸾人民桥

包鸾人民桥位于丰都包鸾镇龙井社区居委会3组，是一座南北走向的木结构廊桥。桥长27.53米、高4.5米，面宽5.5米，北端与包鸾场镇老街相连，南端通过河岸连通集聚村落。

包鸾人民桥造型古朴雅致，汇聚着包鸾人民的智慧、独特的艺术和历史的印记。桥体两端采用石砌桥礅基，各立四根木柱斜拉承重。桥体为经典风雨廊桥造型，以梁木结构建成。顶部为重檐歇山式，采用盖鱼鳞窑瓦盖顶。顶部正脊两端为鸱尾，中饰宝顶，飞檐翘角戗兽，形象栩栩如生。

桥的两侧为木护栏，桥南立有石碑二通，上面镌刻"人民力量""增加生产，厉行节约，支援祖国伟大建设，向共产主义社会前进"字样。

包鸾镇因"依山傍水，鸾翔凤集"而得名，古称顺庆乡。革命战争时期是丰都的红色革命圣地。

包鸾人民桥原名"人民运动桥",建于1950年,距今已经有70多年的历史。修建时正值解放后轰轰烈烈的土改运动,为了纪念"耕者有其田""人民当家作主"的土改运动,故名"人民运动桥",后改为"包鸾人民桥"。

1926年7月,丰都第一个农民协会在包鸾新建场成立。1927年7月,丰都第一个农村党支部在包鸾小学创建。1928年2月,中共丰都县委在包鸾与涪陵罗云交界地的一户农家诞生。同年6月,顺庆乡党支部在全县率先发动"土地会"武装暴动。

1930年4月7日,国民党驻涪陵第二十军一师一团三营十一连的51名起义士兵,与罗云四百多名农民赤卫队会师,在包鸾镇鸡石尖大庙空坝宣誓成立四川红军第二路游击队,由苟良歌任党代表,四川省委委员、省军委书记李鸣珂兼任总指挥。

◆ 包鸾人民桥
　　丰都县民政局　供图

随后，队伍从包鸾鸡石尖出发，经由涪陵大木、武隆双河，在丰都南岸厢坝、三抚、厂天、暨龙、太平坝、武平等南岸山区掀起了轰轰烈烈的武装革命斗争，从此揭开了丰都人民武装革命的历史新篇章。

1949年12月3日，中国人民解放军第二野战军西湖二支队在川鄂边丰石边区游击大队的配合下，强渡长江，攻占丰都县城，宣告丰都解放。从此，在中国共产党的领导下，丰都人民开启了接管建政、重建家园的崭新历史。

1951年3月，丰都经过接管建政、征粮剿匪、清匪反霸和减租退押等运动，基本打垮了农村封建地主阶级势力，发动广大农民群众，初步建立起农村各级权力机构——农民协会，县委随即根据四川省委和涪陵行署统一部署，贯彻落实《中华人民共和国土地改革法》，将工作重点转入农村土地制度改革运动。

1952年1月底，丰都土地改革工作全面结束，地主阶级被打倒，全县人民实现"耕者有其田"的夙愿，当家做了主人。

为感恩中国共产党，纪念"土改"这一划时代的农村伟大变革，包鸾人民在区农民协会的倡导下，于1950年4月筹资修建了包鸾人民桥。

2019年7月27日，饱经风雨侵袭的廊桥被重庆市人民政府公布为市级文物保护单位，并更名为"包鸾人民桥"，从此成为近现代历史上的一处标志性建筑，更是包鸾镇的一处红色革命的历史记忆，时刻鼓舞着包鸾人民朝着乡村振兴的目标奋进！

垫江县

◆ 中共垫江女中特别支部遗址

中共垫江女中特别支部遗址位于垫江城区市政服务中心内。

垫江女中全称"垫江县立女子初级中学",创办于1944年,校址位于垫江县城西门外。校长龙守则毕业于北京师范大学,一生致力于教育事业。她思想进步,同情革命,聘请了大量进步青年教师到学校任教。

1945年,进步老师张秋军、徐晓鸣、杨炯明等从外地转移到女中任教。他们在学校组织学生自治会,开展一些有益于革命的活动。

1947年3月,中共中央机关主动撤离延安,垫江县的一些国民党官员,在县城合作金库四楼上,挂出一幅标语:"共匪老巢延安被我军占领!"张秋军、傅伯雍等几位教师商议后,秘密撕毁了该标语。次日,国民党官员发现标语不翼而飞,顿时草木皆兵,惶恐不安。

同年4月1日,垫江国民党当局强迫垫江县城附近中、小学师生在北门公园集会，追悼军统特务戴笠"忠魂"。垫江女中学生自治会立即发动全校师生拒绝参加大会。这些进步活动为后来党组织在该校的发展奠定了基础。

1947年，中共重庆市委以华蓥山地区附近的广安、岳池、武胜、渠县、合川、江北、梁山、邻水、大竹，下川东的云阳、奉节、巫山、巫溪等县，以及黔北的思南地区为重点，陆续派出干部，并动员一批进步青年积极分子深入农村，从抗丁、抗粮、抗捐入手开展农民运动，掌握部分基层政权，为发动武装斗争作准备。

◆ 中共垫江女中特别支部遗址
　　垫江小学（垫江一校）　供图

在此期间，邻水大竹工委派党员王敏、陈以文到大竹县张家场清理、恢复党组织。他们利用陈尧楷为首的"山王会"，广泛发动、团结群众，准备武装起义。并以张家场为据点，向周边县城扩展。垫江是大竹通往重庆的要道，他们便决定在垫江城内和城郊建立联络点。垫江女中位置偏僻，环境幽静，学习氛围深厚，师生思想进步，是建立联络点的适宜之地。

1947年7月底，邻水大竹工委委员兼虎南游击区区委书记王敏由重庆来到垫江女中，恢复了教师雷寄萍的组织关系，指示雷寄萍在女中开展建党工作。雷寄萍在学校先后发展张秋军、傅伯雍、徐晓鸣、杨炯明为党员。8月，经虎南区党组织批准，成立中共垫江女中特别支部（以下简称"垫江女中特支"），雷寄萍任特支书记，并确定垫江女中特支为重庆与华蓥山游击区的转运站。

1947年10月，雷寄萍调虎南区工作，由邻水大竹工委委员、大竹山后区区委书记陈以文兼任中共垫江女中特支书记，垫江女中特支隶属上川东一工委领导。

中共垫江女中特支成立后，团结大批进步师生，发展了张正履、曹宇音、周茂林、李增霞等女党员，不断壮大党组织的力量，开展大量革命活动。不断为游击区转送同志和运送物资。在特支建立后一年多时间里，先后掩护、转送从重庆等地转来的近10名共产党员到游击区，掩护胡正兴等同志运送收音机和枪支弹药等物资到游击区。

在地下斗争时期，党的经费十分匮乏，按照"党员养党"的要求，女中特支有工资收入的党员，除留下生活费外，再加上个人积蓄全部献给党组织，并从亲戚、朋友处集资，用以购买了长、短枪5支，供大竹山后区游击队使用。

遵照党的有关统战和勤读书、勤工作、勤交友的指示，党员利用同学、同乡、同事关系，采取个别串联方式，扩大党的影响。校长龙守则的兄长龙守贤是垫江县参议长，女中特支通过做她的工作，了解垫江上层人物的活动情况。龙守则不仅掩护共产党员徐晓鸣、杨炯明等人在校内的活动，还保护和资助张秋军安全转移到贵阳。傅伯雍在学校两次被捕后，她都不避风险出面签名具保营救。

特支经常组织党员学习《土地法大纲》《学生导报》《解放日报》《挺进报》，搞好党员思想教育，保持党的生机活力。

1948年10月，大竹张家场党组织派游击队员游中相去重庆购买武器，途经垫江时，在垫江城北门书院附近庄家湾不幸被捕。军统特务从游中相身上搜出往来信函、工作计划大纲和日记本，在日记本中记有傅伯雍、陈鼎华（垫江中学教师）、盛国玉（桂阳小学代课教师）等人的名字及住址，致使傅、陈、盛三人被捕，后被押送至重庆中美合作所渣滓洞监狱。

1948年11月，垫江女中特支书记陈以文在垫江周嘉场被捕，被送往重庆渣滓洞监狱关押。中共垫江女中特别支部遭到破坏，特支党员星散转移，活动停止。

在狱中，陈以文、傅伯雍经受住了种种酷刑，坚贞不屈，英勇顽强地与国民党特务展开斗智斗勇的斗争。他们先后参与了龙光章追悼会、狱中春节晚会、绝食斗争、饮水斗争和慰问江姐的活动，显现出鲜明的革命英雄主义和革命乐观主义精神。陈以文一进监狱，就向难友们讲述解放战争的形势，并用竹签子笔写在草纸上向各牢房传播。他帮助难友们学文化、学理论，成为男牢房中的组织者和领导人之一。傅伯雍是狱中"铁窗诗社"成员之一，辽沈、淮海、渡江战役胜利后，傅伯雍赋诗《入狱偶成》："权把牢房当我家，长袍卸去穿囚褂。铁窗共话兴亡事，捷报频传放心花。"在难友中广为传播。

重庆解放前夕，国民党特务机关对关押在重庆歌乐山集中营的白公馆和渣滓洞监狱的共产党员和革命志士进行了疯狂的屠杀，并纵火焚烧了渣滓洞监狱。在这场惨绝人寰的大屠杀中，陈以文、陈鼎华、游中相英勇牺牲，傅伯雍、盛国玉虎口脱险。

垫江女中历经川东区垫江女子初级中学校、川东区垫江县第二初级中学、四川省垫江县第一初级中学校几次易名后，于1961年与四川省垫江第二初级中学校（原普顺广德中学）合并为四川省垫江第一初级中学校（现名"重庆市垫江第一中学校"），并迁址于垫江县城西郊松林村李家湾。在垫江女中原址，先后改建成垫江县招待所、垫江宾馆。之后，先后成为垫江县公安局、市政服务中心办公场所。

忠县

◆ 饶绘峰、饶衡峰烈士故居

饶绘峰、饶衡峰兄弟的故居（饶家老宅）位于忠县花桥镇宝胜寺，是一座建于清朝中后期的大宅。

忠县自古以来就不乏忠勇之士，巴蔓子、秦良玉等忠州先贤的忠勇之气，早已融入到忠县人的血液中，成为忠县的主要人文特征。饶绘峰、饶衡峰兄弟也传承了这一人文精神，在忠县早期的革命斗争中，兄弟二人慷慨赴义，用自己的生命续写了忠县人的忠勇传奇。

饶衡峰原名饶顺卿，是饶绘峰的三哥。青年时期，饶衡峰曾在花桥小学教过书，当过七乡的税征委员，后受到弟弟饶绘峰的影响加入中国共产党，从事党的秘密工作。

饶绘峰作为哥哥的引路人，更早接受先进思想。1925年，21岁的饶绘峰读书期间，接触并学习了马克思主义思想。后经过他人推荐，进入广州黄埔军校学习。1926年，饶绘峰提出了入党的请求。1927年4月，他受党派遣回到四川，继续从事党的工作。

1929年，军阀混战，忠县人民生活在水深火热之中，这激起了全县人民的强烈反抗。同时，在忠县还有一批党组织成员在悄悄从事着赈灾与革命工作。党组织成员一方面发动群众赈粮赈款，另一方面派人前往涪陵找饶绘峰汇报情况、商量对策。饶绘峰以查看灾区的名义，回忠县指导斗争。他利用合法手段，悄悄将共产党员、进步人士有计划地安排到县政府的许多部门。这引起了反动派的恐慌。军阀刘湘下令派兵搜捕。忠县党组织接到饶绘峰的指示，组织力量进行反击，狠狠地打击了反动势力，为忠县形势的改善起到了至关重要的作用。

三哥饶衡峰积极参与组建"冬防游击队"，领导后乡人民武装起义。起义失败后，他隐匿乡间，继续从事党的秘密工作。

◆ 饶绘峰、饶衡峰烈士故居
徐坤鹏 摄

1930年7月，四川工农红军第三路游击队在忠县黄钦乡成立，决定东征，以"会师武汉，饮马长江"。在途经花桥乡东岩寨时，遇到反动势力的堵截。紧急关头，饶绘峰派三哥饶衡峰等两名党员去做工作，使游击队得以顺利通过。

游击队在花桥驻扎三天，饶绘峰组织人员贴标语宣传，组织群众为红军送茶送水。饶绘峰、饶衡峰兄弟加入红军，饶绘峰为前敌委员，饶衡峰任司令部参谋。而在花桥时因为形势复杂，反动势力不容小视，还召开了一次重要会议，讨论是否攻打忠县。饶绘峰介绍了县城敌情，说服省委同志放弃攻打忠县县城的计划。最终，饶绘峰率手枪队先行，到石宝寨为红军渡江做准备工作，使红军得以顺利渡江。

后来，红军不幸在石柱西乐坪遭到军阀和地方民团的围追堵截。在突围过程中，饶衡峰带领总部战斗人员掩护总部撤退，不幸壮烈牺牲，年仅28岁。

得知三哥牺牲的消息，饶绘峰万分悲痛，与敌人展开激战。但终因寡不敌众，弹尽援绝，饶绘峰被俘。

押送饶绘峰等人前往丰都的排长，恰是饶绘峰办军校时的学员。饶绘峰对该排长晓之以理，该排长将饶绘峰等人悄悄放走，饶绘峰才幸免于难。脱险后的饶绘峰立即前往上海寻找党组织。

后来，他被派往洪湖苏区红二军团，担任团长职务。洪湖是一块红色的土地，大革命时期，这里爆发了轰轰烈烈的农民运动，打响了鄂中地区武装反抗国民党反动统治的第一枪。当时洪湖苏区武器奇缺，为了根据地的生存，1930年11月，饶绘峰又到武汉为洪湖苏区购买军火。他们在武汉租房开办"陶陶饭店"，利用饭店为购买军火筹集资金。因为当时武汉国民党军政要员中,有不少人是饶绘峰在黄埔军校的同学,他还可以利用同学关系为苏区购买大量军火。通过秘密工作,饶绘峰成功为苏区购运了几批军火,解决了燃眉之急。

1931年4月,正当饶绘峰为苏区购买更多武器时,被叛徒告密,不幸在汉口警备区被逮捕。在狱中,面对敌人的种种酷刑,饶绘峰坚守心中的信仰,决不透露半个字,保证了整个组织的安全。同年6月,饶绘峰被敌人枪杀于武汉龟山脚下,年仅27岁。

从小接触到的先进思想,使得饶衡峰、饶绘峰兄弟俩对自己所处的社会有了反抗的意识,而饶绘峰通过在黄埔四期的学习生活,坚定了自己的革命信念,那就是要救民于水火,救国家于危难,推翻反动统治,建立一个光明的新中国。革命战争年代,面临生死考验,支撑他们视死如归、革命到底的正是坚定的理想信念。

历史是最好的教科书,党史是最好的营养剂。斯人已逝,精神永存。回望党走过的百年征程,正是无数革命先烈用血肉之躯筑长城,前仆后继赴国难,撑起了中华民族的铮铮脊梁,铺就了复兴之路的基石,成就了今天的幸福生活。

云阳县

◆ 云阳县农坝烈士陵园

农坝镇地处云阳县最北端,这里革命历史悠久,有着丰富的红色资源,这里不仅有云阳县第一个党支部成立地遗址、战斗地遗址、烈士牺牲地遗址、征粮剿匪遗址,还有农坝烈士陵园。

云阳县农坝烈士陵园位于农坝镇农坝社区3组,陵园占地近1亩,距离镇政府400米,为纪念解放战争时期和解放初期牺牲在农坝的李汝为、李仕吉、马士元、张志锋、胡志言、陈阁六位烈士而建。烈士陵园于1964年3月1日由云阳县民政局修建。2010年,农坝镇筹资重修了陵园。

陵园由纪念碑和烈士墓组成。纪念碑位于正大门,2010年建成,碑高3.4米,长7.2米,刻有"革命烈士永垂不朽"八个镀金大字,下面以正楷字体刻有六位烈士的生平简介。烈士墓形制皆为独立墓碑,均为坐东朝西,墓碑为竖式石碑,碑高2.35米(其中碑座0.4米),底部有两层长方形石座。墓碑字体为行书阴刻,两侧行书阴刻楹联"长使英雄泪满襟;永怀壮士哀千古"。

农坝镇烈士陵园安葬着解放战争时期以及解放初期牺牲在农坝镇的六位烈士。其中一位虽是文弱书生却铁骨铮铮，虽有高度近视却清晰地看到了坎坷道路尽头的繁华，他就是"冷眼对杀场、笑脸迎山河"的李汝为烈士。

李汝为又名李纯思，1922年出生于重庆市江北县（今江北区）。1939年4月加入中国共产党，并负责支部的宣传工作。1944年11月李汝为响应党的号召，辞去重庆市郊李子坝小学的教员工作，主动到下川东开展农村工作，先后在巫溪县、巫山等地开展革命活动。1947年4月，李汝为到云阳县云安辅成中学，以教书为掩护开展革命活动，先后任中共汤溪特别支部委员、中共汤溪工委书记。

1947年10月，根据上海局钱瑛指示，川东特别区临时工作委员会（简称"川东临委"）在重庆成立，川东临委负责领导重庆和上、下川东，以及川南、黔北部分地区的党组织工作。

1947年11月底，根据临委计划，决定成立"川东民主联军下川东纵队"（后改名"中国共产党川东游击纵队"），李汝为被任命为第一支队（后改名"巴北支队"）政委。在队伍缺少枪支弹药时，他把两瓶鱼肝油和一件毛线衣交给游击队变卖买枪用。

1948年1月24日，赵唯、李汝为领导的川东游击纵队巴北支队在云阳农坝乡后槽子沟（今江口镇马乐村）成立，同时举行武装起义。1月24日晚上，在鹿子坪（今鱼泉镇八一村）智擒团总伍醉星，没放一枪一弹，缴获手枪1支、长短枪10余支、子弹100多发，扩充了游击队的武器装备；1月29日，夜袭了开县河堰口保安中队，俘虏了40多名留守碉堡的保安队员，缴获了枪支40多支、

◆ 云阳县农坝烈士陵园
　　云阳县农坝镇人民政府　供图

子弹1400余发，拔掉了云、开、巫游击通道上的一颗钉子。

　　川东游击纵队的武装活动，牵制了敌人的兵力，有力地配合了解放战争，引起当局极大震动。国民党当局紧急调集重兵"围剿"川东游击纵队。1948年2月19日夜，赵唯同李汝为带领游击队向巫溪方向转移。当队伍行至农坝乡傅家坝岭家坪（今农坝镇红梁村5组）时与敌遭遇，战斗中游击队被冲散。李汝为也与其他队员失散，由于李汝为高度近视，战斗中眼镜遗失，他便在河沟里躲藏了一个晚上。第二天清晨，李汝为出来打探情况，寻找游击队，由于他人生地不熟，没走多远，便不幸被捕。国民党反动派把李汝为关押在农坝乡乡公所五八一团一营驻地的一间土墙屋里,软硬兼施、威逼利诱,逼迫他交代游击队的情报,李汝为不为所动,并怒斥敌人:"你们的电刑莫奈我何,你们的野蛮我也早就领教过。我冷眼对杀场,笑脸迎山河!鲜血换来的是自由,屠杀,也挽救不了你们的没落。"

1948年2月22日,李汝为被押至落凼湫(今农坝镇街道社区1组)枪杀,遇害时年仅26岁。

1950年8月1日,重庆市人民政府授予李汝为烈士称号。2011年10月10日,云阳县委、县政府将农坝镇烈士陵园设为县级爱国主义教育基地。2021年11月,李汝为烈士墓(农坝烈士陵园)被评为重庆市一般不可移动文物。

奉节县

◆ 彭咏梧烈士陵园

彭咏梧烈士陵园位于奉节县永安镇鱼腹社区。1948年1月,彭咏梧同志在领导奉大巫起义中不幸牺牲。原身首异地,葬在竹园区,1962年奉节县人民政府将烈士遗骸迁葬于奉节老县城林业局旁,并修建了烈士陵园。

1980年,奉节县委、县政府对烈士墓进行修复,1989年又再次对陵园进行了维修。2004年因三峡库区蓄水,彭咏梧烈士陵园由奉节老县城搬迁至白帝城风景区管理委员会巴原街。

陵园占地10070平方米,绿化面积7000平方米,建筑面积1178平方米。有陈列室5间,纪念亭1个,烈士墓坐北朝南,长3.07米,宽1.56米,四周以青石做围栏。墓前立彭咏梧烈士半身塑像,塑像下附有彭咏梧生平介绍。

彭咏梧,原名彭庆邦,1915年出生于四川省云阳县红狮坝彭家湾(今重庆市云阳县红狮镇咏梧社区)。彭咏梧从小胸怀大志,聪颖好学,成绩总是名列前茅,深得老师和乡邻赞许。1931年秋,彭咏梧进入云阳县立初级中学读书。

1937年秋，彭咏梧考入四川省立万县师范学校。在校期间，他主动参加学校党组织领导下的"读书会"，积极参加各种抗日活动，不久便成了党的外围组织"中华民族解放先锋队"（简称"民先"）的一员。

1938年10月，彭咏梧经中共万县师范学校党组织负责人王庸介绍，加入了中国共产党，先后任中共万县师范学校分支书记和特支书记，领导同学们与"三青团"骨干分子作斗争。

1939年暑假，川东特委又专门调彭咏梧去重庆，参加中共中央南方局在红岩村开办的党训班学习，作为地方党委负责干部的候补苗子。彭咏梧怀着激动的心情，从万县（今万州）来到重庆，走入红岩村参加党训班学习。党训班两个月的学习，使彭咏梧熟悉了党的历史，开阔了视野，吸取了革命斗争的宝贵经验，在政治思想上有了很大提高，在工作方法上有了很大进步，革命意志更加坚定了，革命方向更加明确了。

1940年8月，彭咏梧接任中共云阳县委书记，领导当地的工作。彭咏梧根据上级指示，吸取以往革命斗争的经验教训，认真整顿党的组织，切实加强党的思想建设、组织建设和作风建设，营救同志，将已暴露的党员转移到安全的地方，深入群众隐蔽精干、积蓄力量。

1941年8月，彭咏梧奉中共川东特委之命到重庆任重庆市委第一委员，负责领导重庆沙磁区、新市区一带的地下工作。为了顺利开展工作，到重庆后彭庆邦改名彭咏梧，以国民党中央信托局保险科职员身份作掩护。

1946年3月，中共中央南方局决定建立新的重庆市委，彭咏梧任市委委员，负责宣传工作，领导全市的学生运动。1947年1月，全国学生掀起了抗议美军强奸沈崇暴行的爱国运动，彭咏梧组织重庆地区学生积极响应抗暴运动，成立了"重庆市学生抗议美军暴行联合会"。他还以抗联主席团的名义，在重庆大学理学院举行记者招待会。同时把抗暴运动扩大到工商界、文化界以至各阶层。为响应北平学联提出的全国学生在6月2日举行"反饥饿、反内战、反迫害"运动的总罢课和示威大游行，彭咏梧每晚四处奔波进行联络，召开会议，研究部署"六二"大游行。1947年5月，彭咏梧领导创建《挺进报》并作为重庆市委的机关报。

　　1947年秋天，川东临委决定派彭咏梧、江竹筠到下川东领导武装斗争。1947年10月，中共川东临时工作委员会成立，彭咏梧任委员兼中共下川东地方工作委员会副书记，遵照临委开辟第二战场的指示，负责组织领导下川东武装斗争。11月下旬，川东民主联军下川东纵队（后改名"中国共产党川东游击纵队"）正式成立，彭咏梧任政治委员，赵唯任司令员。由此拉开了下川东武装斗争的序幕。

　　12月17日，彭咏梧在奉节县花乡母圣垭召开奉大巫游击支队成立大会，陈太侯任司令员，彭咏梧兼任政委，蒋仁风任参谋长。奉大巫起义正式拉开帷幕。彭咏梧领导的游击队声威大振，使敌人心惊胆战。国民党反动派立即调兵遣将，"围剿""彭咏梧游击队"。万县副专员兼保安司令李鸿涛也调集云阳、奉节两保安中队直扑奉节青莲、昙花、公坪、大寨一带，对游击队进行南北夹击，企图消灭游击队。由于敌众我寡，彭咏梧决定将队伍暂转青莲乡

◆ 彭咏梧烈士陵园
王传贵 摄

老寨子，待机行动。此时，保安队疯狂扑向老寨子。彭咏梧、卢光特、蒋仁风等分析了整个形势，决定兵分两路，转移到外线作战。彭咏梧率领一路基干队，从正北面突围，到巫溪红池坝、汤溪一带活动。另一路从西北面突围。

1948年1月15日下午，彭咏梧带领游击队向巫溪方向转移，由于道路不熟走了弯路，加之连续的急行军，队员们又渴又饿又累。当部队在黑沟堖暗洞包宿营做饭时，被尾追而来的国民党部队五八一团正规营包围。彭咏梧沉着应战，指挥部队突围。在战斗中他身负重伤后，立即从身上取出记有同志们的组织关系和联络关系的字条吞进肚里，不让它落入敌人之手，保护了党组织和同志，并掩护游击队员迅速突围。

1948年1月16日，彭咏梧在巫溪安子山战斗中壮烈牺牲。彭咏梧牺牲后，敌人野蛮地砍下他的头，挂到奉节竹园坪场的城楼上示众，妄图吓倒革命力量。几天后，群众冒着生命危险抢下彭咏梧的头颅。由于环境恶劣，只得把头颅和身躯分葬两地。

1951年10月27日，中华人民共和国政府颁发了毛泽东亲自签署的彭咏梧烈士证书。优秀的共产党员彭咏梧虽然远去了，但大巴山将永远不会忘记他对党、对革命的忠贞与贡献！人们以各种方式悼念、颂扬着为人民解放事业献出生命的英魂，传扬、继承着他的优秀品质和革命精神。

彭咏梧烈士陵园先后被公布为重庆市爱国主义教育基地、重庆市青少年教育基地、重庆市国防教育基地，成为弘扬民族精神、加强爱国主义教育和国防教育、推动精神文明建设的重要阵地。

巫山县

◆ 李季达故居

壮美的长江巫峡，奇峰突兀，怪石嶙峋，峭壁屏列，绵延不断。巫峡镇地处长江与大宁河交汇处，在没有搬迁之前，镇上有一条古老的街道，名起云街，李季达故居原址就位于起云街69号。

李季达（1900—1927）天资聪慧，5岁入私塾，10岁入县立小学，15岁以优异成绩毕业，后来进入一所半工半读学校，边做工边学习了三年。其间，他十分关心国内外政治，积极参加社会活动，在同学中很有声望。

1918年，吴玉章等人发起四川留法勤工俭学运动。1919年7月，李季达瞒着家人，考入留法勤工俭学四川分会设立的成都第二届留法勤工俭学预备学校学习法文。入学不久，李季达和同学们便加入到反对日本帝国主义、反对北京卖国政府的革命洪流之中。他被推举为学生代表，带领同学们上街游行。

那时，成都昌福馆有一家书店，叫华阳书报流通处，专门出售宣传新文化、新思想的刊物，李季达经常抽空去阅读这些刊物。

此后，他开始意识到要想解救中国，就必须实行社会主义。但这时，他还未接触到马克思主义，对社会主义的了解还很肤浅。在这种思想基础上，李季达和穆青、程秉渊、黄映湖等13位同学成立了一个宣扬和实行劳工神圣的团体"劳人团"，由肖、穆、李三人负责。他们想从教育入手，将"工读主义"作为"改造社会、解救中国"的救世良方，设想通过工读方式"养成一种勤工俭学的学风，使他们（指人民大众）闻风而动，将来人才日多了，民智日进了，为贵族政府奔走的人一天天少了，贵族的政权就会日益消亡，那平等自由的社会就自然的兴起"。

1920年12月，李季达踏上赴法勤工俭学的旅程。1923年秋，他加入"旅欧中国少年共产党"；1924年春转为中共党员，成为中共旅欧总支部法国支部的成员。同年9月，他受党组织选派，同聂荣臻、蔡畅等人赴莫斯科东方劳动者共产主义大学深造。1925年6月，李季达奉调回国担任中共天津地方执行委员会书记，负责组织反帝爱国的工人群众运动。

1927年4月，全国局势急剧变化，蒋介石叛变国民革命，张作霖与蒋介石遥相呼应，对共产党和国民党左派开始了大屠杀。4月初，李大钊等人在北京被捕。18日，江震寰等15位革命志士在天津被杀害。在

◆ 李季达故居
巫山县文物管理所（巫山博物馆） 供图

这血雨腥风的日子里，李季达格外镇定。他一面嘱咐各级组织谨慎行事，一面将党的重要文件和全天津500名党员的名单巧妙地存放在法租界浙江兴业银行总行的第一号保险柜里。同时，将地委机关转移至松寿里79号，后又移至59号路求志里17号，以保证党组织的安全。

6月，中共临时顺直省委在天津成立，李季达任省委宣传部部长、工人部部长兼天津市委书记。8月初，小刘庄区委管辖的海津地毯三厂党支部被破坏，官厅捕去在陶园开会的市委组织部部长粟泽等四人。由于叛徒出卖，加上敌人多处卧底，先后有12人被捕，李季达夫妇也于8月16日在南开体育社典华学校内被捕。

李季达化名李吉荣，在监狱里与敌人进行了英勇斗争，遭受了压杠子、灌辣子水、点天灯等酷刑，几次昏死过去。凭着一副共产党人的铮铮铁骨，他始终坚贞不屈。亲友探望送给他的食物和用品，他总是分给难友们共同享用。党组织曾发动五十多家巨商出面具保，亲友也多方营救，但终无效果。除王贞儒、赵狱龄等人因"罪证不足"获释外，敌人最后还是决定杀害李季达等人。

死亡，在李季达意料之中。他泰然自若，为崇高事业贡献自己的生命没有丝毫遗憾。在最后的日子里，他想到了阔别多年的家乡和亲人，终于有时间从容地给亲人写信了。他在信中对亲人们说："这也许是我给家中最后的信了。希望哥哥们听从我过去的劝告，不要买田，不要剥削人，要靠劳动养活自己。"他托人把信和一本当年在法国买的字典转交家人作为永久的纪念。他也想念监禁在同一监牢、结婚不久的妻子。虽然近在咫尺，却无法向她道声珍重。今后他再也不能尽一个丈夫应尽的责任了。但他深知，志同道合的妻子是会理解自己的。

1927年11月18日，李季达、粟泽和地毯三厂工人青年团员姚宝元三人被军阀褚玉璞押至刑场处决。当日，天津《益世报》报道：李季达等虽"发须过长，但面色不改，立在车上，大声疾呼，打倒军阀！……坚持到底"等口号。李季达把敌人对他"押赴刑场，游街示众"的机会，作为宣传中国共产党的正确主张和共产主义理想，愤怒声讨帝国主义和蒋介石屠杀工农、摧残革命的滔天罪行的讲坛。

《益世报》报道说：他义正词严、大义凛然的临别演说"气壮山河，怒发冲冠持续一个多小时"，"其壮烈情景，感天惊地，鹄立候观的津埠人民无不为之感动"。在"围观者人山人海的南市上权仙前刑场"——白骨塔刑场，李季达知道为党尽义务的时间更短了，他一面大声演说，一面高呼"全世界无产阶级联合起来！打倒万恶的帝国主义！打倒军阀！中国共产党万岁！"等口号。

当日下午1时，年仅27岁的李季达倒在刽子手的枪下，走完了他短暂却光辉的一生。

2012年，李季达故居在巫峡镇龙江村一社复建。巫山县于2016年启动李季达事迹陈列馆陈列布展工作，并将故居与陈列馆多元化结合，诠释了李季达短暂而光辉的一生。

巫溪县

◆ 奉大巫起义纪念园

奉大巫起义纪念园（又称"川东游击队起义纪念园"）位于巫溪县下堡镇宁桥村，距巫溪县城25千米，占地0.5亩，保护范围2.5平方千米。

奉大巫起义纪念园主体建筑被三面纪念墙环抱，正中为黑色大理石纪念碑，碑上刻有红五星和"奉大巫起义纪念碑"镀金大字，纪念墙上分别是"奉大巫起义简介"和"奉大巫起义英名录"。

1947年3月，中共中央发出《关于开展蒋管区发动农民武装斗争问题的指示》。战斗在国统区的党员认真学习贯彻指示精神，开始策划暴动。

云阳、奉节、大宁（巫溪）、巫山处在四川、陕西、湖北交界地，国民党统治相对薄弱，小型地方武装林立，民风彪悍；党组织在当地经过较长时期的群众工作，形成了较好的群众基础；加上当地高山林立，适宜游击武装。因此，川东临委成立后，根据下川东的情况，决定把武装暴动的地点选在云阳、奉节、大宁（巫溪）、巫山一带。4月，彭咏梧受上级党组织派遣，联系上奉大巫（奉节、大宁、巫山）工作组，组成汤溪特别支部，开始清理奉节、大宁、巫山等地党组织，为武装暴动作准备。5月，汤溪特别支部通过奉大巫工作组成员联系的积极分子串联参加暴动的人员，筹备枪支弹药。同时，联系上了一直在云阳坚持斗争的赵唯，取得赵唯的支持。6月，彭咏梧布置刘孟伉在云阳奉节南岸进行武装斗争的准备。

下川东地工委成立后，彭咏梧先后联系上了万县和开县的党员和组织。随即，彭咏梧派蒋仁风（参加过南昌起义，搞过民变，有军事斗争经验，彭的军事助手）、王庸先期出发到云阳、奉节、大宁、巫山，进一步做武装暴动的准备工作。

11月，彭咏梧受川东临委指派，带领江竹筠（负责与临委的交通联络）、吴子见（负责宣传）到云阳、奉节、大宁、巫山组织和指挥武装暴动。彭咏梧一行先到万县，向下川东地工委传达了川东临委在下川东农村开展武装斗争的决定。根据彭咏梧介绍的情况，下川东地工委确定：云阳、奉节、大宁、巫山可成为首批武装暴动的地区，主要由彭咏梧、杨虞裳领导；万县、开县、云阳南岸等地为继后暴动区，主要由涂孝文、唐虚谷领导。决定暴动在地工委的统一领导下开展工作，并逐步建立四支游击队伍，力求尽快把下川东武装游击斗争的烈火点燃，开辟第二战场。会后，唐虚谷立即到云阳南岸，联系刘孟伉，建立七南支队；并派人到开县联系当地的党员，筹组开县支队，以策应云奉巫的武装斗争。

彭咏梧立即赴云阳农坝乡与赵唯会面，传达川东临委和下川

◆ 奉大巫起义纪念碑
巫溪县民政局 供图

东地工委的计划，研究军事组织问题。随即，彭咏梧召开云阳、开县、奉节、大宁、巫山等地党组织负责人会议，会议根据川东临委和下川东地工委的计划，宣布成立川东民主联军下川东纵队（后改名为"中国共产党川东游击纵队"）。司令员赵唯，政委彭咏梧。川东民主联军下川东纵队下辖巴北支队、奉大巫支队、七南支队、开县支队。随后，彭咏梧赴青莲乡组建奉大巫支队。

党在青莲乡、昙花乡、大寨乡有很好的群众基础，通过统战工作，和当地的袍哥和开明人士关系很好；当地的袍哥和开明人士同情并支持革命，纷纷以钱粮枪弹支持革命。为加强党对奉大巫地区和游击支队的领导，彭咏梧一到青莲，即组织当地的党员成立了中共奉大巫工作委员会，蒋仁风任书记兼奉大巫支队参谋长,卢光特任副书记,吴子见任委员。12月17日,奉大巫支队在昙花乡成立。在成立大会上,奉大巫工作委员会积极吸收了一批党员,从而使党员由知识分子扩大到工农群众和社会各阶层。

1948年1月7日,卢光特、王庸率领奉大巫支队巫溪中队在巫溪西宁桥打响第一枪,云(阳)奉(节)两巫(巫溪、巫山)武装起义开始发动。战斗打响后,奉大巫支队先后取得西宁桥、南溪、铜钱垭等战斗的胜利。云奉两巫的武装暴动引起了国民党政府的极大关注,急忙派出正规部队和当地的保安团对奉大巫支队进行"围剿"。1月16日,彭咏梧率基干队转移到鞍子山,遭敌人包围,彭咏梧等突围时牺牲,蒋仁风等部分干部战士被俘,余部转移。

2月9日,下川东地工委总结奉大巫支队武装暴动失败的情况,要求暂缓大规模的公开起义,已上山的采取隐蔽活动,未上山的暂缓上山;撤出奉大巫地区人员,保存力量;建立平行组织,安排新的未暴露的干部下去工作,不与原组织打通关系。随后又建立忠(县)石(柱)万(县)南岸工委,又称川东南岸工委,书记唐虚谷,副书记秦禄延。唐负责万县、云阳和石柱西界沱的地下斗争,秦负责长江南岸方斗山、七曜山和丰(都)石(柱)利(川)忠(县)接壤区域的地下斗争。

在下川东地工委的领导下,开县支队在开县临东乡凉水井、巴北支队在云阳农坝乡后槽子、七南支队在七曜山区先后展开战斗。巴北支队取得对云阳农坝团总、开县河堰口保安中队战斗的胜利。但在国民党军队的"围剿"下,这几个支队的斗争也相继失败。后根据上级指示,将武装力量化整为零,在云阳、湖北利川、奉节、开县境内分散做群众工作,坚持战斗到解放。

石柱土家族自治县

◆ 中共三根树党支部遗址

中共三根树党支部遗址位于石柱县三星乡三树村三树小学校。三根树老场（今属三星乡三树村）距县城仅15千米，因当地下街场口有三棵百年参天大树而得名。

20世纪20年代末，深受反动统治者压迫和剥削的三根树地区广大穷苦农民，强烈渴望得到温饱和自由。1928年春，经中共丰都县委批准，石柱县革命史上第一个中共党组织——中共三根树党支部成立，张承燕（1907—1929）任支部书记。

1907年，张承燕出生于三根树甘树坝一个农民家庭，其父张国堂乃当地人敬重的私塾先生。在严父的教育熏陶下，张承燕自幼勤奋好学，14岁时以优异成绩考入乡学堂初中部，被当地人誉为"小秀才"。

1925年冬，受党组织派遣，共产党员曹成武来到三根树，以教书为掩护，在青年学生和农民群众中秘密传播马克思主义。张承燕、李干之（1906—1931）、郎裕良、熊占西等一批进步学子受到革命的启蒙教育，逐步了解到共产党的革命真理。他们经常聚在一起探讨社会变革，带头与当地反动势力作坚决斗争。

1926年春，受反动势力阻挠，张承燕弃学回乡，在三根树街上开办"兴隆客栈"。不久，共产党员廖子良（1893—1950）、朱泽淮（？—1940）从重庆来到三根树，以张承燕开办的"兴隆客栈"为落脚点，在三根树、石梁河、大月坝、长坡岭等地开办农民夜校，物色积极分子，培养发展党员，筹建地下党组织。

同年6月，中共重庆地方执委书记杨闇公以国民党四川临时党部（左派）农民部长的身份，在重庆江北县举办农民运动研究会，石柱县廖子良、张承燕、李干之、刘达山、郎裕良五人参加了会议，结识了在重庆中法大学和川东师范读书的石柱籍学生项子晋、周登禄、杨绍康三人。

通过几个月秘密筹备工作，同年冬，三根树农民协会在三根树老场客栈成立，百多名农民代表参加了成立大会。大会选举张承燕为会长，杨绍康、郎裕良为副会长，周登禄、刘达山、李干之、熊占熙、杨绍立、何安然、隆炳书、秦大月、戴月根、刘凤延、项秉恬、廖子良等人为委员。农协会下设四个分支，分别由余先禄、伍正常、秦少文、向首安任支会长。分支下设若干农协小组，并选出了正、副组长。不久，三根树农民协会又发展到坝洲坝、石梁河、火烧岩、太平坝等地，会员达五百余人。

不久，张承燕由廖子良、朱泽淮介绍加入了中国共产党，成为石柱本土发展的第一名共产党员。

1927年重庆"三三一"惨案发生后，在重庆读书的项子晋、周登禄、杨绍康和在中法大学读书的邻水人熊志洁（党员，项子晋之妻）等人回到石柱，继续与廖子良、张承燕等人在三根树开展农运宣传发动工作。李干之、杨绍康、周登禄、郎裕良等人先后被培养入党，为中共石柱地下党的发展打下了基础。

1928年春，中共丰都县委按照中共四川省委指示，建立了石柱县革命史上第一个中共党组织——中共三根树党支部，张承燕任支部书记，杨绍康任组织委员，周登禄任宣传委员。

中共三根树党支部成立后，陆续培养发展了熊占西、熊若飞（女）、伍正常、余先禄、谭世禄、何安然等十几名党员，逐渐壮大了党组织力量。

为便于开展工作，党支部在三根树、官庄、于偏子、北瘠山、冉家坝、河面、坝洲坝建立了党小组，分别由张承燕、杨绍康、杨绍立、伍正常、周登禄、李干之、何安然任组长。张承燕以扩展生意、推销商品、收购山货为掩护，经常奔走于各乡村开展党小组政治思想工作。

根据上级指示，三根树党支部决定利用国民党反动政府大办民团的机会，派张承燕打入当局政府内部，掌握武装力量。不久，张承燕出任湖海乡民团大队长，将三百余名农民协会青年骨干全部编入民团，由此掌握了民团武装。

1928年秋，张承燕带领三根树农民协会在朱槽（马家坝双凤庙附近）召开苏维埃政府成立大会。大会选举张承燕为苏维埃政府主席，杨绍康、李干之为副主席，周登禄、刘达山、熊占西、杨绍立、何安然、隆炳书、秦大月、刘凤廷、戴月根、项炳恬、廖子良等11人为委员。苏维埃政府内设"一室三部"统管政、军，由杨绍康负责办公室工作，周登禄、廖子良负责参谋部工作，谭

中共三根树党支部遗址
谭长军 摄

宗禄（即谭世禄）、郎裕良负责军事部工作，谢炳之、刘凤廷负责联络部工作。大会同时成立了农民赤卫队，提出"打倒军阀""打倒烂团烂甲""打倒土豪劣绅""反对苛捐杂税""打富济贫""分田废债""一切权利归农会、归苏维埃"等革命口号。农民赤卫队由张承燕任大队长，杨绍康、李干之为副大队长。

同时期，国民党四川二十军六师师长陈兰亭回石柱募兵，张承燕以湖海乡民团大队长的身份，推荐武工队队长谭宗禄应募，被陈委任为连长。谭为农民赤卫队巧夺步枪15支。同年"双十节"，借石柱县知事公署检阅民团之机，谭宗禄、钟友善、郎裕良带领农民赤卫队队员混进县城，趁深夜国民党驻军精力分散时，夺得步枪12支、子弹500余发。三根树农民赤卫队用各种办法多方筹备武器，极大武装了自己的队伍，迅速提升了战斗力。

中共三根树党支部成为农民赤卫队和农运斗争的领导核心。根据党中央八七会议精神，三根树农民赤卫队武装广大农民从抗税、抗粮、抗捐斗争发展到"暴动夺取武装、夺取政权"的斗争，组建了分别由周登禄、钟友善、徐志文、张承燕任队长的四个农民赤卫武装工作队，为开展游击斗争打下了坚实的组织基础。

中共丰都南岸区委成立后，廖子良任区委书记，周登禄调任区委委员，三根树党支部改由李干之任组织委员，杨绍康任宣传委员。

1928年9月6日，中共丰都县委在崇德乡磨刀洞组织发动农民武装起义。按照县委统一部署，三根树党支部派李干之、杨绍康带领120名农民赤卫队员赶赴崇德乡参加"观音农民暴动"。9月26日，三根树农民赤卫队在五龙场与崇德农民起义军会合后，随部队主力辗转于丰都南岸山区，攻打民团、征讨官军。两支队伍三千多人举旗集会，手拿大刀、锄头和扁担，攻破了土豪冉竹堂和丰都第六区副区团长郎瑞丰的宅子，处死了冉子贞等七名反动分子，并没收其全部家产。农赤起义队伍与军阀部队在栗子寨苦战三天三夜，由于弹药不足，上级指示农赤队伍全部撤出栗子寨。

同年10月12日，参加攻打栗子寨的湖北利川县小河李宽文"神兵"大队回撤到石柱两汇口时，遭遇前往栗子寨增援的军阀杨森部队龙焕章旅，双方随即展开激烈战斗。正往三根树撤退的李干之闻讯，立即率部赶到两汇口增援。龙焕章见腹背受击，只好带队仓皇逃命。"神兵"大队解围后，奉中共丰都县委指示，李干之将省委派来指导崇德农暴的两名军事干部利用三乘轿子护送到西界沱顺利出境。

三根树党支部领导下的农民运动触动了土豪劣绅的利益，反动势力开始对革命阵营进行疯狂反扑，组织暗杀队对农运负责人和革命积极分子进行暗害。

1929年2月18日，三根树党支部书记张承燕带队前往石柱下路开展工作，途经小金坝冒水孔，遭遇民团伏击，张承燕身中数枪不幸牺牲，年仅22岁。

张承燕同志牺牲后，中共丰都县委副书记朱挹清到三根树清理组织，恢复党支部，由李干之继任三根树党支部书记，杨绍康任组织委员，郎裕良任宣传委员。三根树地区革命活动在党支部的领导下，继续得到蓬勃发展。

1930年4月，四川工农红军第二路游击队（简称"二路红军"）建立，游击区域迅速扩展到了石柱边境。三根树党支部书记李干之带领百余名赤卫队员投奔二路红军，被编为二路红军第四大队，李干之任大队长。他们跟随二路红军相继在回龙场、太平坝、梨地坪、坝洲坝等地建立起苏维埃政权。

1930年7月，梓潼溪苏维埃政府建立，李干之任主席，杨绍康任副主席。同年7月中旬，二路红军主力撤离太平坝等地，转战石柱县，国民党反动势力趁机卷土重来，开始了更大规模的"清乡"运动，对共产党人进行疯狂镇压。李干之等人只好转入地下，坚持开展游击战。

1932年春，面对十分严峻的革命形势，李干之、郎裕良等人决定前往鄂西投奔贺龙领导的红军队伍。至此，三根树党支部停止活动。

中共三根树党支部的建立，是中共石柱党史中的一件大事，是石柱革命斗争史的转折点。中共三根树党支部领导成立的双凤庙苏维埃政府，是石柱县和石丰边区有史以来的第一个工农民主政权，也是川东地区及川鄂边区最早成立的苏维埃政权之一。

◆ 红军井

红军井位于石柱县城南宾街道红井社区帽顶山猪圈坡一院内，是当年贺龙领导的红三军为解决当地百姓饮水难问题而挖掘的水井。为铭记红军恩情，当地百姓吃水不忘挖井人，将该水井命名为"红军井"。

1934年1月8日，红三军从利川县鱼龙乡鱼泉口进入石柱县境内，途经双河乡（今枫木镇）、老土地、黄水镇川主堂、石家乡黄连沟、古城坝（今悦崃镇新城村）等地。11日，贺龙率领红三军军部及红九师全体指战员抵达石柱县城附近猫圈坡一带。

猫圈坡地势高险，便于隐蔽，还可俯瞰石柱县城，观察敌情，加上当地民风淳朴，为避免惊动敌人，红三军将士决定在此地休整。当时正值冬季，石柱接连四十多天未下雨，猫圈坡一带水井干涸，群众饮水非常困难。

为解决当地饮水难题，贺龙亲自带领红军战士四处寻找水源。不久，红军在清理村民原水井淤泥时，发现有水滴渗出。战士们连夜清挖，挖到四米多深时，终于挖出一股泉水。战士们抬来石头，重新围砌好水井，解决了当地群众的饮水难题。

1934年1月18日，休整了七天的红三军将士离开猫圈坡向川鄂边区进发。在当地休整期间，红军不光解决了民众饮水难问题，还派出红军战士帮助群众看病、挑水、送柴火，派出宣传队深入到各个院落宣传红军的主张、任务和纪律，宣讲土地革命政策，使"红军是劳苦大众的队伍"的认识深入民心。

◆ 红军井
　谭长军　摄

　　红军离开猫圈坡后，这口井常年涌泉，取之不尽。当地群众为表达对红军的深情，还编了一首歌谣传诵至今："昔日喝水贵如油，下山挑水就发愁。自从贺龙挖了井，龙水流进锅里头。"

　　为铭记红军的恩情，1982年12月，石柱县人民政府对这口水井进行重新修缮。修缮后的水井占地45平方米，由井眼、内井台、石碑、外井台、屏风照壁、四周栏杆组成，并竖碑刻文，将该井命名为"红军井"，列为县级重点保护文物。

秀山土家族苗族自治县

◆ 倒马坎战斗遗址

秀山位于渝、湘、黔、鄂四省（市）接合部，是重庆市的东南门户。红三军在黔东革命根据地进行的著名战斗之一倒马坎战斗就发生在这里。红三军倒马坎战斗遗址位于秀山隘口镇坝芒村，是中国工农红军第三军为开辟黔东革命根据地，与国民党反动派在秀山战斗的地方。

倒马坎在秀山县隘口镇与贵州省松桃县甘龙镇的交会处，山高林密，悬崖陡峭，车马难行。倒马坎道路特别狭窄，周围是悬崖绝壁，马只能牵着走。据说古代曾有一位官员骑马经过时摔下悬崖，所以这个地方就叫作倒马坎。

1928年初，贺龙根据党中央的指示，由上海回到湘鄂西，领导发动荆江两岸年关暴动和湘西起义，与周逸群、段德昌等创建了红二军团和湘鄂西革命根据地。

1931年3月，红二军团改编为红三军，军长贺龙，政治委员关向应，部队连续粉碎了国民党的三次"围剿"，发展到1.5万人。

但是后来由于"左"倾错误路线的影响，到1932年夏天，根据地全部丧失了。

红三军为了改变不利局面，决定突围。贺龙提出的红军向西发展创建湘鄂川黔边新苏区的建议得到大家的一致认可，后来红三军相继攻下黔江、彭水以及贵州沿河等县城，于1934年6月4日抵达离秀山隘口不远的酉阳南腰界。

稍作休整之后，1934年8月，贺龙领导的红三军向川黔边境进军。倒马坎是秀山进入贵州的主要道路，国民政府秀山县县长赵竹君奉湘鄂川黔四省"剿共"联防总指挥刘湘"加强防务"的电令，在秀山民团中抽调上千人组成"剿共精选队"，由团防司令杨卓之任总指挥，在倒马坎一带设防，试图阻击红军。

杨卓之在倒马坎构筑了碉堡工事，派三百余人设防。从倒马坎到平阳盖断头台下的革蛇总长约二十公里的险峭山道上，他又安排了近千人的兵力，依托有利地形修筑起大大小小的工事。为确保万无一失，他还在倒马坎前五百米的坝芒街上设前哨指挥所，在倒马坎后一百米的气坑坡设营指挥所，并派心腹镇守，自己则在距倒马坎十五公里的清溪场通过电话指挥前线。杨卓之自诩这条防线是"固若金汤的万里长城"。

贺龙在南腰界与红七师师长卢冬生研究进攻秀山的战斗方案时，幽默地说：这一仗一定要打好，不仅要倒他的"马"，还要牵那只"羊"！（"羊"谐音"杨"，指代杨卓之）

1934年8月30日凌晨，战斗打响。按照作战计划，红军从火烧桥进入猫儿洞后，分两路包抄倒马坎：一路进至干溪槽，从左右两翼迂回；另一路从猫耳洞穿过密林上芦蒿坪，占领倒马坎右侧的最高峰——老鹰嘴。这天恰逢坝芒赶场，下午4时许，按照部署，一路红军化装成百姓进入坝芒，迅速占领敌人的前哨阵地，同时攻击坝芒街背后的制高点——狮子背，冲进指挥所，守敌正在喝酒划拳，还未回过神就被俘虏，整个过程未开一枪。一部分红军很快攻下雷打岩，占领山神庙，逼近倒马坎。

杨卓之在接到前线指挥所的电话报告之后，只好下令撤退。杨卓之在一个班的护送下躲进县城。被杨卓之称为"固若金汤的万里长城"顷刻间便土崩瓦解。

◆ **倒马坎战斗遗址**
秀山土家族苗族自治县隘口镇人民政府　供图

倒马坎战斗，打死打伤敌人多名，俘敌四十多人，缴获枪支三十余支，一举突破了杨卓之自认为固若金汤的防线，打通了贵州至秀山的通道。

倒马坎之战打击了秀山反革命势力的嚣张气焰，壮大了红军声威，是红三军在黔东根据地进行的著名战斗之一。

倒马坎战斗是秀山红色历史的重要一页。中华人民共和国成立后，秀山县人民政府在倒马坎修建了红三军战斗纪念碑，将其建设为该县重要的爱国主义教育基地。现在每逢清明节等节日，都有群众、学生、党政领导等到此敬献花圈、瞻仰烈士，接受革命传统教育。

"吃菜要吃白菜心，当兵就要当红军。跟着贺龙打天下，天也明来地也新。"在青山绿水中，倒马坎战斗纪念碑前响起了传唱多年的民歌，让前来祭奠先烈的人们热血沸腾。

◆ 刘邓首长进军大西南铜像

刘邓首长进军大西南铜像于2009年11月10日在重庆市秀山县洪安镇落成，2021年10月迁至洪安镇原车站处（现已平整为广场）。铜像基座正面镌刻"走向大西南"五个大字，为邓小平亲写。基座上方是刘伯承、邓小平两位首长的站立雕像，刘伯承右手指向四川方向，邓小平在一旁面带微笑，二人对解放大西南充满信心。

时光回溯到七十多年前。1949年10月1日，新中国在北京宣布成立，但解放全中国的大业并未完成。自渡江战役后，国民党军残余部队纷纷退到华南、西南和台湾及沿海岛屿上。国民党政府由广州迁往重庆，残存的国民党军胡宗南集团和白崇禧集团分别撤向西南各省和广西一隅。中共中央军委根据西南地理和国民党军力部署情况，对解放军进军西南作战作出一系列指示：消灭胡宗南集团及川、康诸敌，非从南面进军断其退路不可；应采取大迂回动作，插至敌后，先完成包围，然后再往回打的方针。

10月14日，广州解放，华南地区已牢牢掌握在解放军手中。随后中央军委决定乘胜追击，进军西南。为此，毛泽东要求刚刚参加完开国大典的刘伯承、邓小平二人即刻率领中国人民解放军第二野战军迅速行动，向西南进军。

1949年9月初，人民解放军第二野战军的第三兵团和第五兵团先后向西南进发，踏上了进军大西南的征程。1949年10月20日，刚刚在北京开完中央军事委员会第一次会议的刘伯承和邓小平也匆匆乘车南下，在徐州登上了西进的火车。1949年11月1日，解放大西南战役正式打响。1949年11月6日，第二野战军三兵团十二军一〇六团的先头部队从湖南花垣县直抵茶洞镇的清水江畔。

与茶洞镇隔江相望的洪安是入川的第一站。洪安边城是重庆、贵州、湖南三省市交界之地，"拉拉渡"就是洪安边城的标志。"拉拉渡"上游几百米处，原本有一座抗战时期修建的过江大桥，桥的中央便是茶洞和洪安，也是重庆和湖南的分界线，因此此桥得名洪茶大桥。当二野先头部队逼近洪安时，国民党秀山县县长李琛命人把停靠在这一段水路的上百只船全部隐藏，并烧掉了洪茶大桥，妄图凭借天险负隅顽抗。

11月6日下午5时，一〇六团前卫部队一举打败敌军进入洪安，11月7日，解放军进攻县城，秀山解放。

随着后续部队源源不断开进，征调的三只渡船已不够使用，必须架桥。11月8日，在工兵部队的指挥下，洪安当地百姓一呼百

◆ 刘邓首长进军大西南铜像
　　秀山土家族苗族自治县融媒体中心　彭璐　摄

应，当时木船不够用，很多群众自发将家里的木板和门板扛到岸边，为解放军搭建起了一座可供四路行军的大浮桥。但是搭好的浮桥只能过步兵和马队，过不了汽车和重炮，而车队和重炮在对岸茶洞的公路上排起几里长。后来在当地百姓的协助下，又找来八只称为"娘娘船"（可拖带小船的大船）的民船，以四只拼成一只，再放置纵梁，纵梁上铺面板、车道板，用铁丝捆牢、蚂蟥钉扣紧，装成两只简易渡车船往返渡车，用了近一个月，才使得几十万大军，数千辆军车、炮车渡过清水江。

　　11月30日，刘邓首长进驻洪安，驻扎在复兴银行，当晚，二野司令部用柴油机发电，满街路灯通明，人们像是过节日般地欢欣鼓舞，不约而同地说出了自己的心里话：欢迎亲人解放军，欢迎刘邓首长回到四川老家。

酉阳土家族苗族自治县

◆ 赵世炎故居

赵世炎故居位于重庆酉阳龙潭古镇上，当地人称为"赵庄"，是一座清代砖木结构四合院建筑。建筑面积710平方米，占地1605平方米。伟大的革命先驱、革命先烈赵世炎在这里度过了他的童年与少年时光。

赵世炎故居大门上方，有邓小平题写的"赵世炎同志故居"。大院内有一前一后两个小天井，院门朝东，正屋南北向，过厅东一间，是赵世炎的卧室。

2001年，赵世炎故居被国务院批准列入第五批全国重点文物保护单位名单。2010年，故居重新修复对外开放。

赵世炎（1901—1927）是中国共产党早期杰出的无产阶级革命家、中国共产党组织的创建者之一、著名的工人运动领袖。赵世炎于1901年4月13日出生在重庆酉阳的龙潭古镇，兄弟中排行第五，九妹赵君陶（李鹏之母）、三姐赵世兰等都在他的引导下走上了革命道路。

赵世炎自小聪明好学。因家境优渥且重视教育，赵家设有私塾，供赵氏子弟接受启蒙教育。11岁时，赵世炎进入龙潭高级小学堂读书，师从早期同盟会会员王勃山。受老师的影响，赵世炎了解到旧中国的苦难，心中萌发强烈的爱国主义情绪，痛恨帝国主义和卖国政府的行为。

1919年冬，赵家举家迁至北京。之前，1915年赵世炎和四哥赵世琨就以优异的成绩考入了国立北京高等师范学校附中。因为他成绩优异、活跃突出，引起了我党早期领导人李大钊的注意。

在李大钊的引领下，赵世炎开始思考新文化运动和中国的前途命运。1919年五四运动爆发，赵世炎为北师大附中学生运动的组织者之一。5月7日，他全票当选为附属中学学生会干事长，组织同学投入到五四运动当中，经受了革命的考验和洗礼。

1919年，在李大钊的极力推荐下，赵世炎加入了少年中国学会，和三哥赵世炯与毛泽东、周恩来、田汉、李达等人成为复兴中华民族的先锋。

当时人们都说："赵世炎擅文学，精口辩，气质斐然，真一翩翩少年。"赵世炎外表风流儒雅，但骨子里甚是刚强，所写的评论文章文风犀利、一针见血。凡是由赵世炎撰写的文章，字字珠玑、鞭辟入里，深受广大爱国青年喜爱。

五四运动后，受到国际环境的影响，以民主与科学为核心，倡导解放思想、理性精神的新思潮在国内迅速涌起。为响应以"学习新思想，寻找改造中国途径"为目标的勤工俭学学生运动的号召，为了到欧洲去寻求真理，赵世炎进入吴玉章创建的法文专修馆学习。

1920年5月9日，赵世炎和一批爱国青年从上海出发，远渡法国求学，以期能够早日找到民族解放的正确道路。

留法之前，赵世炎就接触到了共产主义思想，在心中树立了共产主义理想。由于他才华出众，一到法国就有不少名校都在争取他，但赵世炎却不为所动，仍旧选择不做文牍，而坚持勤工俭学，用行动践行自己的主张。因为他始终坚信，必须在赤贫的无产者中去寻找同盟者，结合众人的力量才能解放处于社会底层的人民。

1920年冬，赵世炎和几位勤工俭学的同学一起来到三得建铁工厂工作。在与工人们同吃同睡同工作的过程中，他了解到法国资本主义制度与中国落后的社会制度别无二致，感受到国无地位、民无尊严，更加坚定了他的无产阶级革命思想。

1924年，李大钊给中央建议，希望在莫斯科东方劳动者大学学习的赵世炎能够尽快回国参加革命运动。同年夏，赵世炎回到北京，当选为中共北方区委常委、宣传部部长兼北京地委书记，协助李大钊在北方开展工作。

在北京工作期间，赵世炎和李大钊组织领导了轰轰烈烈的首都革命和工人运动，在北京、天津、唐山、张家口和内蒙开展了艰苦卓绝的革命斗争。

因为工作的需要，1926年，赵世炎到上海工作，担任中共江浙区委组织部部长兼上海总工会党团书记。当时的上海是资本家扎堆的地方，在工人阶级长期处于被压迫的条件下，在这里开展斗争远比其他地区更为艰难，举行了两次武装起义都以失败告终。

1927年3月21日，赵世炎协同周恩来、罗亦农等人一起带领上海工人举行举世闻名的第三次武装起义。在这次武装起义过程

◆ 赵世炎故居
酉阳土家族苗族自治县龙潭镇人民政府　石华　摄

中，周恩来任总指挥，赵世炎担任副总指挥，赵世炎表现出了卓越的军事指挥才能，身先士卒，用150杆破枪加3颗炸弹，打败了4000多直鲁军阀和武装军警，创造了中国工人武装暴动的神话，在中国的工运史上写下了不朽的篇章。

1927年4月12日，蒋介石公然背叛大革命，发动了震惊中外的"四一二"反革命政变，开始在全国各地大肆逮捕和屠杀共产党员和革命群众。1927年4月底5月初，赵世炎因为工作需要，没有参加在武汉召开的中共五大，但是当选为中央委员，继续留在上海坚持斗争，1927年7月2日，因为叛徒的出卖，他不幸被逮捕。

赵世炎被敌人关在上海龙华枫林桥国民党警备司令部，他在这里遭受了严刑拷打和威逼利诱，但他始终咬紧牙关，不肯吐露关于我党的半点情报。他义正词严道："他蒋介石愿意当帝国主义的走狗，我赵世炎却不愿意。我决不叛变革命，要杀要剐，随便！我赵世炎倒下了，但还会有无数个革命志士站起来。"

1927年7月19日，赵世炎牺牲在上海龙华枫林桥畔，这一年他才26岁。

赵世炎的一生，是革命和战斗的一生。他践行了"奋斗为人生第一要义"的誓言。1927年10月，中国共产党机关报《布尔什维克》第一期上刊发了《悼赵世炎、陈延年及其他死于国民党刽子手的同志》的悼词，称他是中国无产阶级"勇敢而有力的领袖"。

2009年，赵世炎被评为"100位为新中国成立作出突出贡献的英雄模范人物"。

◆ 南腰界

酉阳东南部的南腰界与贵州省沿河县、松桃县、印江县，重庆秀山县接壤，距酉阳县城96千米。这里山清水秀、清幽雅静，民族文化底蕴深厚，民俗独特。中国工农红军第三军贺龙、关向应等老一辈无产阶级革命家以这里为军事指挥中心创建了黔东革命根据地。

1933年12月19日，湘鄂西中央分局在湖北大村召开会议，总结了湘鄂西根据地失败的教训，分析了敌我双方的形势，提出了向川东南发展创建新根据地，以保存革命实力的方针。克黔江、攻彭水、占沿河，努力开辟川黔边革命根据地。

1934年初，红三军独立团参谋张素清乔装成商人来到南腰界打探情况。他在南腰界白杨坳租店做起了"生意"。还有一些红军侦察员化装成算命先生、化缘道士、泥木工匠、小商小贩等先后来到了南腰界。

南腰界自古物产丰富，地理位置比较优越。贺龙、夏曦、关向应得到情报分析后认为南腰界在战略地位上比较重要、幅员广阔、人口较多、粮食富足，有利于建立革命根据地，在军事上有广阔的回旋余地，是红三军开创湘鄂川黔革命根据地的最佳选择。6月2日，红三军撤离沿河县城向南腰界进发，途中遇到酉阳、沿河团防联军和沙子区团防军的阻击。红三军突破敌人阻击后，于3日到达酉阳麻塘溪，4日进驻南腰界。

红三军司令部驻扎在南腰界的余家桶子。余家桶子是清末秀才余兰城的住宅。红三军进驻余宅后，用条石、火砖重新修建了长278米的围墙，贺龙还在院坝中种了一棵花红树。

南腰界地区当时流传着这样一首歌谣："一年做到头，不见米一盅。财主官府逼，难度春和冬。卖儿又卖女，落得一场空。逃荒啃树皮，死在路当中。"这就是旧社会南腰界人民真实生活的写照。广大群众有改变现状的迫切要求，容易开展土地革命的相关工作。1934年，南腰界、唐家溪、大坪盖、龙池四个地方相继成立了乡苏维埃政权。同年8月1日，南腰界区苏维埃成立大会在翘尾巴山召开，南腰界区革命委员会正式成立。贺龙号召南腰界人民"积极行动起来，在苏维埃政府领导下，搞好三件大事：一是搞好土地改革，消灭地主阶级，土地归农民所有；二是建立强大

◆ 南腰界：中国工农红军第三军司令部旧址
　　白明跃　摄

的革命武装，保卫革命成果；三是努力发展生产，把南腰界建设好，逐步走上富裕道路"。

1934年8月7日，由任弼时、萧克、王震率领的长征先遣队红六军团从江西遂川开始西征，转战广西、湖南，于10月进入黔东地区，10月7日，在贵州石阡县甘溪镇遭到湘、黔、桂敌军二十多个团的围堵，队伍被打散，最后只剩下三千多人（其中还有三百多名伤病员），处境十分险恶。

10月上旬，贺龙在南腰界从国民党报纸上看到萧克所部朝川黔边方向运动的消息，便从南腰界派出几支部队分赴秀山、沿河、印江一带打游击，以探寻和接应红六军团。贺龙也亲自带领手枪队、侦察队到沿河水田坝一带寻找和接应红六军团。

10月24日，在印江县木黄镇三甲村找到任弼时、萧克、王震率领的红六军团主力，两军胜利会合。因木黄镇不便驻军，当天便向南腰界转移。贺龙见红六军团马匹丢光了，做饭的工具也没有了，便在贵州松桃石梁乡等地给红六军团补充了战马、粮油、草鞋、蓑衣及八挺机枪等物资。

按照中革军委命令，恢复红三军为红二军团，任命贺龙为军团长，任弼时为政委，关向应为副政委。萧克、王震仍任红六军团军团长和政委。同时成立了中共黔东特委，重组黔东独立师。两军团认真研究了如何尽快策应党中央红军的战略部署，决定会师庆祝大会后立即发动"湘西攻势"，开创湘鄂川黔革命根据地。

10月28日，红二军团、红六军团从南腰界出发，挺进湘西，在湘西北发动了以永顺、大庸（今张家界市永定区）、保靖、桑植、龙山等县为中心的对敌斗争，攻克了永顺、大庸等五座县城，对沅陵、常德等四座县城展开围堵，吸引了"围剿"中央红军的敌人，有力地减轻了中央红军的压力，策应了党中央和中央红军胜利长征。

1986年，为缅怀革命先烈，纪念南腰界革命根据地的红色历史，酉阳县人政府拨款修复了中国工农红军第三军司令部遗址，修建了红二、红六军团会师纪念亭。时任全国人大常委会副委员长廖汉生题词写了"中国工农红军第三军司令部旧址"的匾额，原全国政协副主席萧克将军题写"中国工农红军二、六军团会师大会纪念亭"。

南腰界那一段载入历史的过往，历久弥新，如今吸引着越来越多的人前来参观，从长征精神和苏区精神中汲取智慧和力量，助推乡村振兴，助推老区发展，这些精神是南腰界弥足珍贵的宝贵财富，南腰界，是武陵山区永不褪色的红地标。

彭水苗族土家族自治县

◆ 南渡沱红军渡口遗址

彭水南渡沱红军渡口遗址位于汉葭街道鼓楼社区1组。南渡沱是乌江的重要渡口，扼守乌江两岸及公路要道，曾是彭水城区过江的必经之道，为历代兵家必争之地。南渡沱历史悠久，文化厚重，清朝时期，南渡沱兴设义渡；抗日战争时期，川湘公路建成，在此设汽车轮渡。

紧邻南渡沱，有早期中共彭水地方组织活动中心旧址绿荫轩。绿荫轩原是乌江东岸畔悬崖上的一个亭子，为北宋诗人、书法家黄庭坚谪居黔州时所建。康熙五十七年（1718），知县朱潘于此创建一所书院，因其地与乌江对岸摩围云顶寺相望，故取名"摩围书院"，为县内三大书院之首。民国初期，书院改办为县立高等小学堂。1925年至1930年间，中共彭水地方组织成员以此为中心秘密从事革命活动。

1934年3月，湘鄂西中央分局召开会议，决定向酉阳、秀山、黔江、彭水发展，创建湘鄂川黔革命根据地。5月7日，红三军军

◆ 南渡沱红军渡口遗址
蒋晨 摄

长贺龙、政委关向应率领红三军将士三千余人从黔江水车坪出发，经桐木溪、青蒲垭到桑柘坪，于当夜冒雨奔袭彭水县城，在猪头菁、大堰塘、三肩坡与敌遭遇，红军迅速突破防线。8日上午，攻占彭水县城，歼敌一个营，俘敌四百余人，缴枪三百余支。攻占彭水后，由于中央代表夏曦认为彭水背山面水，易攻难守，决定转入黔东，开辟黔东根据地。

5月10日，红三军由南渡沱渡过乌江，到黄家坝修整。红军离开后，居民黄学珍回家，看见咸菜坛上留有字条"老板，我们吃了你半坛咸菜，几根大葱，烧了几根柴，共补你黄豆六升——红七师机炮连一排条"。黄学珍感动不已，将此条珍藏在门神画报后面的门板上，并在解放后将纸条连同门板上交给中国人民革命军事博物馆。

5月14日，红三军从黄家坝出发，进入贵州境内。

十五年后的1949年11月，刘伯承、邓小平率第二野战军，粉碎国民政府军宋希濂部布设的"乌江防线",解放彭水县城,并在此渡江向重庆进军。群众称之为"红军渡口"。南渡沱再次成为中国革命的亲历者、见证者。1983年3月,南渡沱红军渡口遗址被彭水苗族土家族自治县人民政府公布为彭水苗族土家族自治县重点文物保护单位。

随着时代的发展,南渡沱渡口逐渐成为了历史。南渡沱红军渡口附近,一个集休闲、教育、观光为一体的红色文化广场拔地而起。在广场的正中央,矗立着一座中国工农红军第三军渡江的雕塑,雕像生动形象,展现了红军将士渡乌江的战斗情景,成为当地开展爱国主义教育的重要场所。

彭水留下了红军无数的传奇故事和遗迹,有些故事至今还被人们津津乐道。黄家镇的红军驻地旧址、彭水县城区的南渡沱红军渡口遗址和红军渡广场等吸引着一批又一批的访问者,来到这里的人们在自然山水之间感受着不一样的精神洗涤。

后记

　　本书由何林、张晓娥、赵君、张辉、康进、王福林、雷蕾、晏玉惠、吴展渊、王佩帏、唐灿、任良荣、尹江君、江双霜、韩艳、杨莲、周宗雪、喻苗、陈平、黄鲲、刘静、张玉洁、何娟、杨雪兰、曾芳、曾信祥、王鹏举、江华、余明辉、隆永林、董长芳、吴毅、侯伟伟、谢珍文、谭光华、白胜文、白明跃、陈坤、叶文获、张晶、叶小勇、罗炯和李文靖等作者采集资料撰写完成。书中插画由布志国、颜瑞、陶宇、李昉、伍书乐、李柯欣、桂描、胡耀尹和林杉绘制。在书稿完结之际，我们最想说的话是："一套《重庆地名文化故事》，绘不尽一座重庆城。"

　　在本册各篇章里，我们挖掘了从辛亥革命到新中国建立，发生在重庆这片红色的土地上名垂青史的故事。身处西南内陆的重庆在寻求革命的道路上并不比任何一座城市落后，从不费一兵一卒地推翻封建统治，到抗战时的战时首都，再到人民得到解放，无数革命先烈在这片土地上无私奉献出青春与生命。

　　民主革命时期，杨闇公、邹容、杨沧白、赵世炎等革命先驱在这里寻求救国之道；抗日战争时期，周恩来、叶剑英、董必武等中共中央南方局领导人在这里组建了抗日民族统一战线，为抗战胜利作出巨大贡献；抗战结束后，毛泽东不顾个人安危，亲赴重庆开展重庆谈判……

透过本册各篇章，我们能从地名延伸出的故事里回望这片土地的赤诚，那些发生在这片土地上的反帝反封建，追求民主、自由、和平的斗争，如同大地上铺就的经典红色，如史诗一般荡气回肠、百世流芳。

然而，满满五卷《重庆市地名文化故事》却不曾将重庆描绘净尽。重庆之大无奇不有，重庆地名的奇特更是层出不穷。如果要将所有地名故事、民间掌故、神话传说一一述尽，本套书的容量远远不够。

在收集重庆的地名故事过程中，我们查阅了各地方志，尽可能做到严谨与真实；我们摒弃了神话与传说中的无稽之谈，取其精华去其糟粕。我们也遇到过一些生僻的地名，无论是在方志中还是古籍中都很难找寻其根源，为此我们走访当地老人、寻求史学专家的帮助，最终成功溯源。

尽管如此，书中也许还存在介绍内容不尽详实的遗憾，而受限于与表达的主题统一性，也难免出现遗漏，造成遗珠之憾。但我们希望，本书可以成为重庆地名故事的"抛砖引玉"之作，换来更多创作者、收集者的关注，有错改之，有漏补之。希望有更多人文工作者、专家、学者加入进来，群策群力为重庆地名文化故事作进一步的丰富与发展，在此深表感谢。

图书在版编目(CIP)数据

重庆市地名文化故事.红色地名/重庆市民政局编.—重庆：重庆出版社，2023.1
ISBN 978-7-229-17474-3

Ⅰ.①重… Ⅱ.①重… Ⅲ.①地名—介绍—重庆 Ⅳ.①K927.19

中国版本图书馆CIP数据核字(2022)第251717号

重庆市地名文化故事·红色地名
CHONGQINGSHI DIMING WENHUA GUSHI·HONGSE DIMING
重庆市民政局 编

责任编辑：蒋忠智 周英斌 张 春 杨秀英
责任校对：何建云
装帧设计：重庆出版社艺术设计有限公司

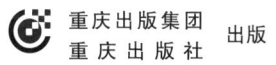

重庆出版集团
重庆出版社 出版

重庆市南岸区南滨路162号1幢 邮政编码：400061 http://www.cqph.com
重庆出版社艺术设计有限公司制版
重庆市国丰印务有限责任公司印刷
重庆出版集团图书发行有限公司发行
E-MAIL:fxchu@cqph.com 邮购电话：023-61520646
全国新华书店经销

开本：787mm×1092mm 1/16 印张：20.25 字数：216千 插页：2
2023年4月第1版 2023年4月第1次印刷
ISBN 978-7-229-17474-3
定价：488.00元(全5册)

如有印装质量问题，请向本集团图书发行有限公司调换：023-61520678

版权所有 侵权必究